I0492072

Ivan Koesjnir

Economie van Centraal-Azië

Serie "Economie in landen"

eerst gepubliceerd: 2021
laatst bijgewerkt: 2021-02-02

Ivan Koesjnir. Economie van Centraal-Azië. Serie "Economie in landen". - 2021. - 55 pages.

Dit boek over de economie van Centraal-Azië van de jaren 1990 tot de jaren 2010. Brongegevens uit UN Data.

Grootte. In de jaren 2010 was het bruto binnenlands product van Centraal-Azië gelijk aan US$301,6 miljard per jaar; de waarde van de landbouw was US$33,5 miljard; de waarde van de industrie was US$86,0 miljard.

Productiviteit. In de jaren 2010 bedroeg het bruto binnenlands product per hoofd van de bevolking $4.439,5, de waarde van de landbouw per hoofd $492,5, de waarde van de industrie per hoofd $1.266,1. Omdat de productiviteit tussen het gemiddelde van onder het gemiddelde en het gemiddelde ligt, wordt de economie geclassificeerd als in ontwikkeling.

Groei. In de jaren 2010 bedroeg de groei van het bruto binnenlands product 5,5%; de groei van de landbouw was 4,2%; de groei van de industrie was 4,8%.

Structuur. In de jaren 2010 omvatte de economie van Centraal-Azië: industrie (30,6%), diensten (26,3%), handel (14,0%), landbouw (11,9%), transport (10,1%) en constructie (7,0%).

Uitvoer en invoer. In de jaren 2010 was de uitvoer 29,1% hoger dan de invoer, de netto-uitvoer was gelijk aan 8,7% van het BBP.

Consumptie en reproductie. De houding van reproductie ten opzichte van de consumptie is beter dan het mondiale gemiddelde, dus het aandeel van het BBP in de wereld zal toenemen.

Serie "Economie in landen": parallel.page.link/nl

ISBN: 9798701855760

Inhoud

Part I. Grootte

Hoofdstuk I. Bruto binnenlands product

Het BBP van Centraal-Azië steeg van US$47,0 miljard per jaar in de jaren 1990 tot US$301,6 miljard per jaar in de jaren 2010, dat wil zeggen met US$254,6 miljard of 6,4 keer. De verandering vond plaats op US$173,5 miljard als gevolg van een 2,4-voudige stijging van de prijzen, en ook op US$67,5 miljard als gevolg van een 2,1-voudige toename van de productiviteit , evenals op US$13,5 miljard als gevolg van de toename van de bevolking. De gemiddelde jaarlijkse groei van het BBP is 3,2%. De minimumwaarde van het BBP bedroeg US$41,6 miljard in 1995. De maximumwaarde van het bruto binnenlands product bedroeg US$360,7 miljard in 2013.

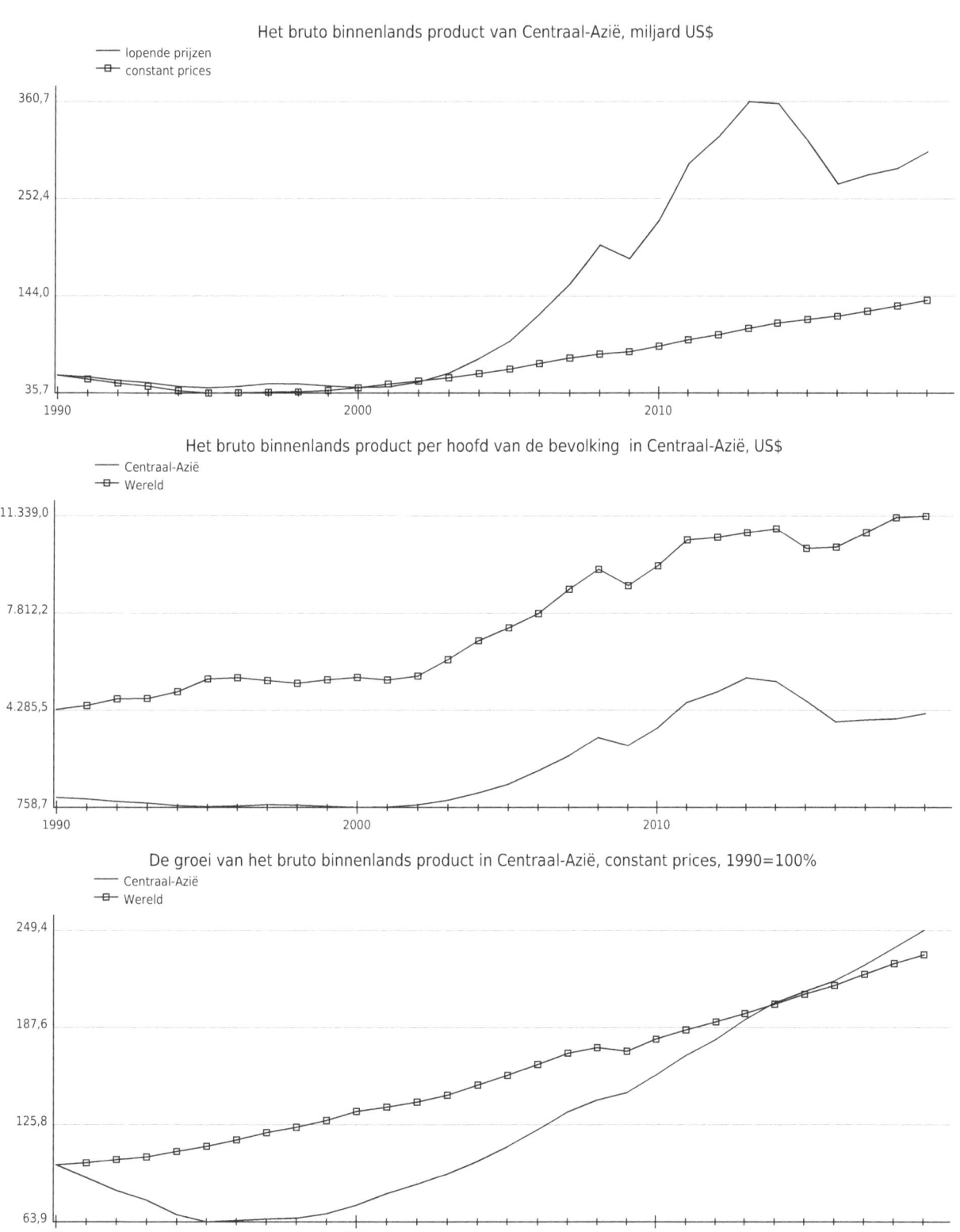

de jaren 1990

Het bruto binnenlands product van Centraal-Azië bedroeg in de jaren 1990 US$47,0 miljard per jaar, en was vergelijkbaar met Centraal-Afrika (US$45,9 miljard). Het aandeel in de wereld was 0,16%, en 0,60% in Azië.

Het BBP van Centraal-Azië bestond uit: huishoudelijke uitgaven (68,0%), kapitaalvorming (25,2%) en overheidsuitgaven (15,0%).

Het BBP per hoofd in Centraal-Azië was $891,5 in de jaren 1990s, en was vergelijkbaar met Nicaragua (US$899,0), de Salomonseilanden (US$902,5), Bolivia (US$879,3). Het BBP per hoofd in Centraal-Azië was in 5,6 keer lager dan het bruto binnenlands product per hoofd van de bevolking in de wereld ($5.020,1), en was in 2,5 keer lager dan het bruto binnenlands product per hoofd van de bevolking in Azië ($5.020,1).

De groei van het BBP in Centraal-Azië bedroeg -4% in de jaren 1990. De groei van het BBP in Centraal-Azië (-4,0%) was minder dan de groei van het BBP in de wereld (2,8%), was minder dan de groei van het BBP in Azië (4,7%).

Vergelijking met subregio's. Het BBP van Centraal-Azië was minder dan in Oost-Azië (US$5,9 biljoen), in Zuidwest-Azië (US$658,5 miljard), in Zuid-Azië (US$601,6 miljard) en in Zuidoost-Azië (US$571,6 miljard). Het bruto binnenlands product per hoofd in Centraal-Azië was in Centraal-Azië groter dan in Zuid-Azië (US$459,4); maar minder dan in Oost-Azië (US$4,0 duizend), in Zuidwest-Azië (US$4,0 duizend) en in Zuidoost-Azië (US$1.187,4). De groei van het BBP in Centraal-Azië was minder dan in Zuidoost-Azië (5,2%), in Zuid-Azië (5,1%), in Zuidwest-Azië (4,6%) en in Oost-Azië (4,4%).

Leiders. Het BBP van Centraal-Azië in de jaren 1990 bestond uit: Kazachstan (49,5%), Oezbekistan (37,2%), Turkmenistan (5,9%), Kirgizië (4,0%), Tadzjikistan (3,4%). Het bruto binnenlands product per hoofd in Centraal-Azië onder de leiders: Kazachstan ($1.469,7), Oezbekistan ($777,7), Turkmenistan ($673,1), Kirgizië ($408,2) en Tadzjikistan ($282,4). De groei van het BBP onder de leiders: Oezbekistan (-0,62%), Turkmenistan (-3,2%), Kazachstan (-5,0%), Kirgizië (-5,0%) en Tadzjikistan (-11,0%).

de jaren 2000

Het BBP van Centraal-Azië bedroeg in de jaren 2000 US$102,4 miljard per jaar, en was vergelijkbaar met Hongarije (US$101,5 miljard), Roemenië (US$104,4 miljard), Centraal-Afrika (US$100,3 miljard). Het aandeel in de wereld was 0,22%, en 0,81% in Azië.

Het BBP van Centraal-Azië bestond uit: huishoudelijke uitgaven (51,1%), kapitaalvorming (28,6%), overheidsuitgaven (11,8%) en netto-uitvoer (8,8%).

Het BBP per hoofd in Centraal-Azië was $1.757,0 in de jaren 2000s, en was vergelijkbaar met Congo (US$1.729,3). Het bruto binnenlands product per hoofd in Centraal-Azië was in 4,1 keer lager dan het bruto binnenlands product per hoofd van de bevolking in de wereld ($7.176,3), en was 44,8% lager dan het bruto binnenlands product per hoofd van de bevolking in Azië ($7.176,3).

De groei van het BBP in Centraal-Azië bedroeg 7.8% in de jaren 2000. De groei van het bruto binnenlands product in Centraal-Azië (7,8%) was groter dan de groei van het BBP in de wereld (3,0%), was groter dan de groei van het bruto binnenlands product in Azië (5,2%).

Vergelijking met subregio's. Het BBP van Centraal-Azië was minder dan in Oost-Azië (US$8,7 biljoen), in Zuidwest-Azië (US$1,5 biljoen), in Zuid-Azië (US$1,3 biljoen) en in Zuidoost-Azië (US$1,0 biljoen). Het bruto binnenlands product per hoofd in Centraal-Azië was in Centraal-Azië groter dan in Zuid-Azië (US$823,6); maar minder dan in Zuidwest-Azië (US$7,3 duizend), in Oost-Azië (US$5,6 duizend) en in Zuidoost-Azië (US$1.827,8). De groei van het BBP in Centraal-Azië was groter dan in Zuid-Azië (5,7%), in Oost-Azië (5,3%), in Zuidoost-Azië (5,1%) en in Zuidwest-Azië (4,3%).

Leiders. Het BBP van Centraal-Azië in de jaren 2000 bestond uit: Kazachstan (61,6%), Oezbekistan (20,1%), Turkmenistan (13,1%), Kirgizië (2,7%), Tadzjikistan (2,5%). Het bruto binnenlands product per hoofd in Centraal-Azië onder de leiders: Kazachstan ($4.103,4), Turkmenistan ($2.837,0), Oezbekistan ($779,7), Kirgizië ($541,5) en Tadzjikistan ($382,1). De groei van het BBP onder de leiders: Kazachstan (8,5%), Tadzjikistan (8,3%), Turkmenistan (7,3%), Oezbekistan (6,5%) en Kirgizië (4,7%).

de jaren 2010

Het bruto binnenlands product van Centraal-Azië bedroeg in de jaren 2010 US$301,6 miljard per jaar, en was vergelijkbaar met Hongkong (US$300,6 miljard), Venezuela (US$304,6 miljard), Israël (US$309,3 miljard). Het aandeel in de wereld was 0,39%, en 1,1% in Azië.

Het bruto binnenlands product van Centraal-Azië bestond uit: huishoudelijke uitgaven (48,6%), kapitaalvorming (29,5%), overheidsuitgaven (11,3%) en netto-uitvoer (8,7%).

Het BBP per hoofd in Centraal-Azië was $4.439,5 in de jaren 2010s, en was vergelijkbaar met Albanië (US$4,5 duizend). Het BBP per hoofd in Centraal-Azië was in 2,4 keer lager dan het bruto binnenlands product per hoofd van de bevolking in de wereld ($10.603,1), en was 28,5% lager dan het bruto binnenlands product per hoofd van de bevolking in Azië ($10.603,1).

De groei van het bruto binnenlands product in Centraal-Azië bedroeg 5.5% in de jaren 2010, en was vergelijkbaar met Irak (5,4%), Papoea-Nieuw-Guinea (5,4%), Mozambique (5,5%). De groei van het BBP in Centraal-Azië (5,5%) was groter dan de groei van het BBP in de wereld (3,1%), was groter dan de groei van het bruto binnenlands product in Azië (5,2%).

Vergelijking met subregio's. Het BBP van Centraal-Azië was 60,0 keer minder dan in Oost-Azië (US$18,1 biljoen), 10,9 keer minder dan in Zuid-Azië (US$3,3 biljoen), 10,3 keer minder dan in Zuidwest-Azië (US$3,1 biljoen) en 8,5 keer minder dan in Zuidoost-Azië (US$2,6 biljoen). Het bruto binnenlands product per hoofd in Centraal-Azië was in Centraal-Azië8,5% groter dan in Zuidoost-Azië (US$4,1 duizend) en 2,5 keer groter dan in Zuid-Azië (US$1.801,7); maar 2,8 keer minder dan in Zuidwest-Azië (US$12,3 duizend) en 2,5 keer minder dan in Oost-Azië (US$11,0 duizend). De groei van het BBP in Centraal-Azië was groter dan in Oost-Azië (5,4%), in Zuidoost-Azië (5,2%) en in Zuidwest-Azië (3,9%); maar minder dan in Zuid-Azië (5,6%).

Leiders. Het BBP van Centraal-Azië in de jaren 2010 bestond uit: Kazachstan (61,5%), Oezbekistan (21,4%), Turkmenistan (12,2%), Tadzjikistan (2,5%), Kirgizië (2,3%). Het BBP per hoofd in Centraal-Azië onder de leiders: Kazachstan ($10.656,7), Turkmenistan ($6.689,6), Oezbekistan ($2.098,6), Kirgizië ($1.190,2) en Tadzjikistan ($906,4). De groei van het BBP onder de leiders: Turkmenistan (8,3%), Tadzjikistan (7,1%), Oezbekistan (6,7%), Kazachstan (4,5%) en Kirgizië (4,1%).

Hoofdstuk II. Toegevoegde waarde

De toegevoegde waarde van Centraal-Azië steeg van US$45,9 miljard per jaar in de jaren 1990 tot US$280,7 miljard per jaar in de jaren 2010, dat wil zeggen met US$234,8 miljard of 6,1 keer. De verandering vond plaats op US$161,7 miljard als gevolg van een 2,4-voudige stijging van de prijzen, en ook op US$59,9 miljard als gevolg van een 2,0-voudige toename van de productiviteit , evenals op US$13,2 miljard als gevolg van de toename van de bevolking. De gemiddelde jaarlijkse groei van de toegevoegde waarde is 3,0%. De minimumwaarde van de toegevoegde waarde bedroeg US$39,7 miljard in 2000. De maximumwaarde van de toegevoegde waarde bedroeg US$331,7 miljard in 2014.

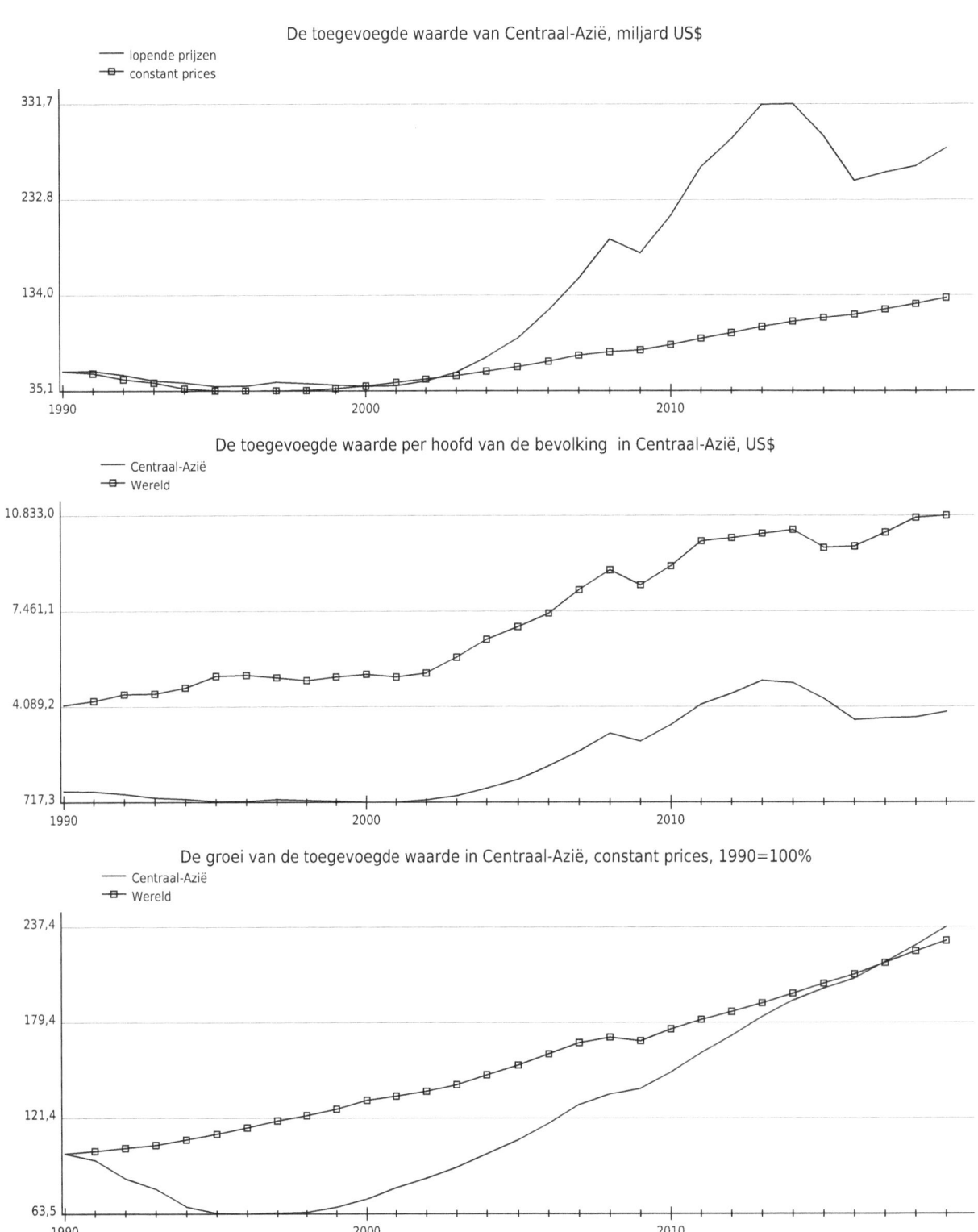

De toegevoegde waarde van Centraal-Azië, miljard US$

De toegevoegde waarde per hoofd van de bevolking in Centraal-Azië, US$

De groei van de toegevoegde waarde in Centraal-Azië, constant prices, 1990=100%

de jaren 1990

De toegevoegde waarde van Centraal-Azië bedroeg in de jaren 1990 US$45,9 miljard per jaar, en was vergelijkbaar met Algerije (US$46,4 miljard), Centraal-Afrika (US$45,5 miljard), Tsjechië (US$46,4 miljard). Het aandeel in de wereld was 0,17%, en 0,60% in Azië.

De totale toegevoegde waarde van Centraal-Azië bestond uit: landbouw (27,7%), diensten (24,0%), industrie (23,0%), handel (10,3%), transport (7,9%) en constructie (7,1%).

De toegevoegde waarde per hoofd in Centraal-Azië was $870,8 in de jaren 1990s, en was vergelijkbaar met Georgië (US$858,0), Bosnië en Herzegovina (US$887,0). De toegevoegde waarde per hoofd in Centraal-Azië was in 5,5 keer lager dan de toegevoegde waarde per hoofd van de bevolking in de wereld ($4.799,9), en was in 2,5 keer lager dan de toegevoegde waarde per hoofd van de bevolking in Azië ($4.799,9).

De groei van de toegevoegde waarde in Centraal-Azië bedroeg -4.3% in de jaren 1990. De groei van de toegevoegde waarde in Centraal-Azië (-4,3%) was minder dan de groei van de toegevoegde waarde in de wereld (2,7%), was minder dan de groei van de toegevoegde waarde in Azië (4,6%).

Vergelijking met subregio's. De toegevoegde waarde van Centraal-Azië was minder dan in Oost-Azië (US$5,8 biljoen), in Zuidwest-Azië (US$623,5 miljard), in Zuidoost-Azië (US$570,7 miljard) en in Zuid-Azië (US$550,8 miljard). De toegevoegde waarde per hoofd in Centraal-Azië was in Centraal-Azië groter dan in Zuid-Azië (US$420,6); maar minder dan in Oost-Azië (US$4,0 duizend), in Zuidwest-Azië (US$3,8 duizend) en in Zuidoost-Azië (US$1.185,5). De groei van de toegevoegde waarde in Centraal-Azië was minder dan in Zuidoost-Azië (5,1%), in Zuid-Azië (4,9%), in Oost-Azië (4,4%) en in Zuidwest-Azië (4,3%).

Leiders. De toegevoegde waarde van Centraal-Azië in de jaren 1990 bestond uit: Kazachstan (52,2%), Oezbekistan (34,4%), Turkmenistan (6,0%), Kirgizië (3,9%), Tadzjikistan (3,6%). De toegevoegde waarde per hoofd in Centraal-Azië onder de leiders: Kazachstan ($1.512,9), Oezbekistan ($702,2), Turkmenistan ($663,4), Kirgizië ($389,0) en Tadzjikistan ($291,1). De groei van de toegevoegde waarde onder de leiders: Oezbekistan (-1,3%), Turkmenistan (-3,4%), Kazachstan (-5,1%), Kirgizië (-5,5%) en Tadzjikistan (-10,5%).

de jaren 2000

De toegevoegde waarde van Centraal-Azië bedroeg in de jaren 2000 US$97,7 miljard per jaar, en was vergelijkbaar met Centraal-Afrika (US$98,3 miljard), Algerije (US$95,4 miljard). Het aandeel in de wereld was 0,22%, en 0,79% in Azië.

De totale toegevoegde waarde van Centraal-Azië bestond uit: industrie (28,8%), diensten (25,9%), landbouw (15,6%), handel (11,6%), transport (10,6%) en constructie (7,4%).

De toegevoegde waarde per hoofd in Centraal-Azië was $1.675,9 in de jaren 2000s, en was vergelijkbaar met Oekraïne (US$1.673,3), Syrië (US$1.712,8), Armenië (US$1.715,8). De toegevoegde waarde per hoofd in Centraal-Azië was in 4,1 keer lager dan de toegevoegde waarde per hoofd van de bevolking in de wereld ($6.818,0), en was 46,1% lager dan de toegevoegde waarde per hoofd van de bevolking in Azië ($6.818,0).

De groei van de toegevoegde waarde in Centraal-Azië bedroeg 7.5% in de jaren 2000, en was vergelijkbaar met Laos (7,5%). De groei van de toegevoegde waarde in Centraal-Azië (7,5%) was groter dan de groei van de toegevoegde waarde in de wereld (2,9%), was groter dan de groei van de toegevoegde waarde in Azië (5,1%).

Vergelijking met subregio's. De toegevoegde waarde van Centraal-Azië was minder dan in Oost-Azië (US$8,6 biljoen), in Zuidwest-Azië (US$1,4 biljoen), in Zuid-Azië (US$1,2 biljoen) en in Zuidoost-Azië (US$1,0 biljoen). De toegevoegde waarde per hoofd in Centraal-Azië was in Centraal-Azië groter dan in Zuid-Azië (US$772,7); maar minder dan in Zuidwest-Azië (US$6,9 duizend), in Oost-Azië (US$5,5 duizend) en in Zuidoost-Azië (US$1.807,0). De groei van de toegevoegde waarde in Centraal-Azië was groter dan in Zuid-Azië (5,6%), in Oost-Azië (5,1%), in Zuidoost-Azië (4,9%) en in Zuidwest-Azië (4,2%).

Leiders. De toegevoegde waarde van Centraal-Azië in de jaren 2000 bestond uit: Kazachstan (62,6%), Oezbekistan (19,1%), Turkmenistan (13,4%), Kirgizië (2,6%), Tadzjikistan (2,4%). De toegevoegde waarde per hoofd in Centraal-Azië onder de leiders: Kazachstan ($3.976,4), Turkmenistan ($2.767,6), Oezbekistan ($706,7), Kirgizië ($492,6) en Tadzjikistan ($341,9). De groei van de toegevoegde waarde onder de leiders: Kazachstan (8,6%), Turkmenistan (7,2%), Tadzjikistan (7,2%), Oezbekistan (5,7%) en Kirgizië (4,1%).

de jaren 2010

De toegevoegde waarde van Centraal-Azië bedroeg in de jaren 2010 US$280,7 miljard per jaar, en was vergelijkbaar met de Filipijnen (US$283,2 miljard), Israël (US$277,8 miljard), Venezuela (US$286,1 miljard). Het aandeel in de wereld was 0,38%, en 1,0% in Azië.

De totale toegevoegde waarde van Centraal-Azië bestond uit: industrie (30,6%), diensten (26,3%), handel (14,0%), landbouw (11,9%), transport (10,1%) en constructie (7,0%).

De toegevoegde waarde per hoofd in Centraal-Azië was $4.131,8 in de jaren 2010s, en was vergelijkbaar met Angola (US$4,1 duizend), Belize (US$4,1 duizend), Samoa (US$4,1 duizend). De toegevoegde waarde per hoofd in Centraal-Azië was in 2,4 keer lager dan de toegevoegde waarde per hoofd van de bevolking in de wereld ($10.094,6), en was 31,9% lager dan de toegevoegde waarde per hoofd van de bevolking in Azië ($10.094,6).

De groei van de toegevoegde waarde in Centraal-Azië bedroeg 5.5% in de jaren 2010, en was vergelijkbaar met Irak (5,5%). De groei van de toegevoegde waarde in Centraal-Azië (5,5%) was groter dan de groei van de toegevoegde waarde in de wereld (3,1%), was groter dan de groei van de toegevoegde waarde in Azië (5,3%).

Vergelijking met subregio's. De toegevoegde waarde van Centraal-Azië was 63,8 keer minder dan in Oost-Azië (US$17,9 biljoen), 10,9 keer minder dan in Zuid-Azië (US$3,1 biljoen), 10,7 keer minder dan in Zuidwest-Azië (US$3,0 biljoen) en 8,9 keer minder dan in Zuidoost-Azië (US$2,5 biljoen). De toegevoegde waarde per hoofd in Centraal-Azië was in Centraal-Azië4,0% groter dan in Zuidoost-Azië (US$4,0 duizend) en 2,5 keer groter dan in Zuid-Azië (US$1.681,3); maar 2,9 keer minder dan in Zuidwest-Azië (US$11,8 duizend) en 2,6 keer minder dan in Oost-Azië (US$10,9 duizend). De groei van de toegevoegde waarde in Centraal-Azië was groter dan in Oost-Azië (5,4%), in Zuidoost-Azië (5,1%) en in Zuidwest-Azië (3,9%); maar minder dan in Zuid-Azië (5,8%).

Leiders. De toegevoegde waarde van Centraal-Azië in de jaren 2010 bestond uit: Kazachstan (61,6%), Oezbekistan (20,8%), Turkmenistan (12,9%), Tadzjikistan (2,4%), Kirgizië (2,3%). De toegevoegde waarde per hoofd in Centraal-Azië onder de leiders: Kazachstan ($9.925,9), Turkmenistan ($6.591,4), Oezbekistan ($1.899,4), Kirgizië ($1.072,5) en Tadzjikistan ($809,1). De groei van de toegevoegde waarde onder de leiders: Turkmenistan (8,3%), Oezbekistan (6,8%), Kazachstan (4,5%), Tadzjikistan (4,4%) en Kirgizië (3,9%).

Hoofdstuk III. Bruto nationaal inkomen

Het bruto nationaal inkomen van Centraal-Azië steeg van US$47,2 miljard per jaar in de jaren 1990 tot US$280,7 miljard per jaar in de jaren 2010, dat wil zeggen met US$233,5 miljard of 5,9 keer. De verandering vond plaats op US$161,6 miljard als gevolg van een 2,4-voudige stijging van de prijzen, en ook op US$58,3 miljard als gevolg van een 2,0-voudige toename van de productiviteit , evenals op US$13,6 miljard als gevolg van de toename van de bevolking. De gemiddelde jaarlijkse groei van het BNI is 2,9%. De minimumwaarde van het BNI bedroeg US$40,2 miljard in 2000. De maximumwaarde van het bruto nationaal inkomen bedroeg US$338,3 miljard in 2013.

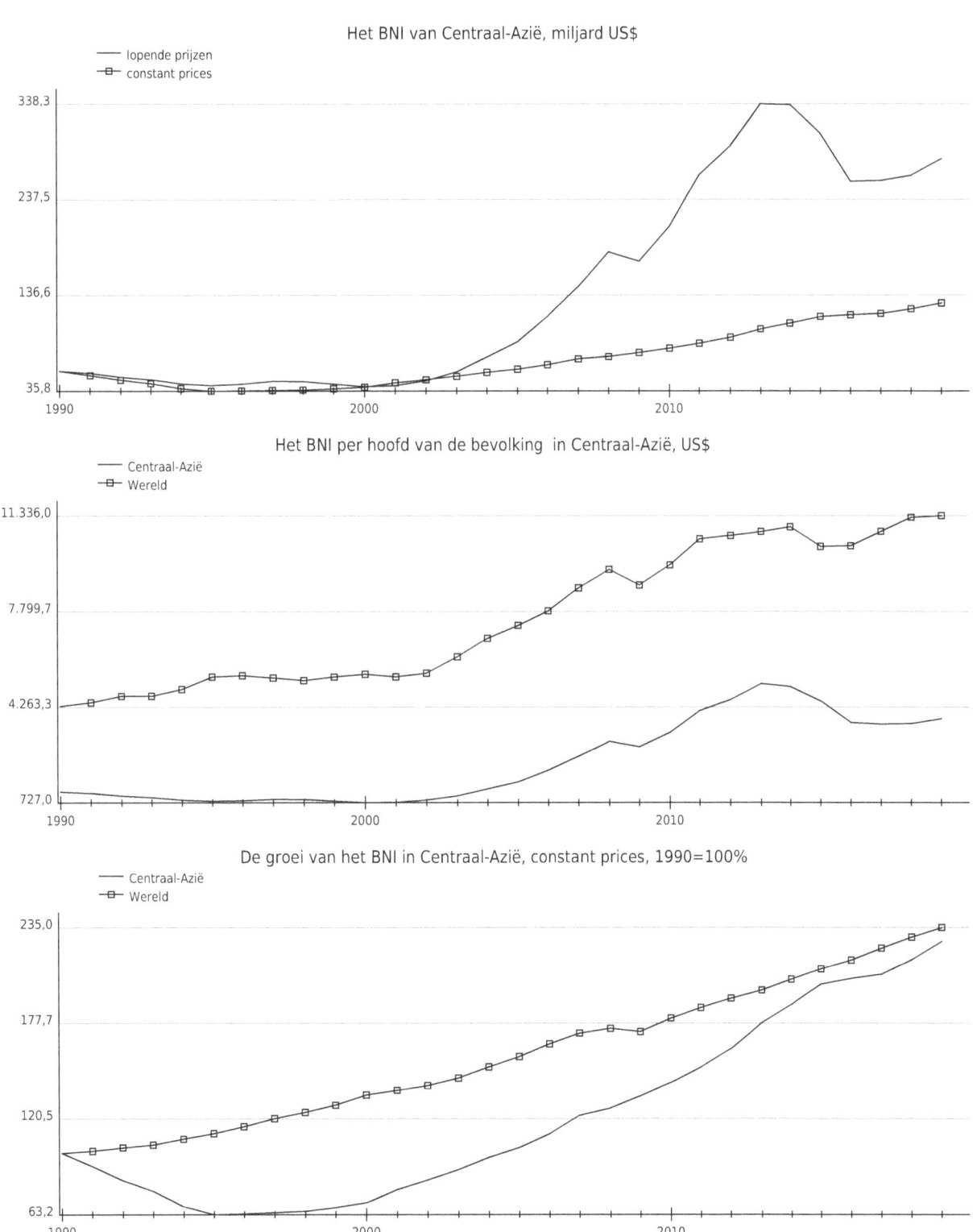

Het BNI van Centraal-Azië, miljard US$

Het BNI per hoofd van de bevolking in Centraal-Azië, US$

De groei van het BNI in Centraal-Azië, constant prices, 1990=100%

de jaren 1990

Het BNI van Centraal-Azië bedroeg in de jaren 1990 US$47,2 miljard per jaar, en was vergelijkbaar met Algerije (US$46,4 miljard). Het aandeel in de wereld was 0,17%, en 0,60% in Azië.

Het bruto nationaal inkomen per hoofd in Centraal-Azië was $894,8 in de jaren 1990s, en was vergelijkbaar met de Salomonseilanden (US$889,6), Indonesië (US$907,8). Het BNI per hoofd in Centraal-Azië was in 5,6 keer lager dan het bruto nationaal inkomen per hoofd van de bevolking in de wereld ($4.991,4), en was in 2,5 keer lager dan het bruto nationaal inkomen per hoofd van de bevolking in Azië ($4.991,4).

De groei van het bruto nationaal inkomen in Centraal-Azië bedroeg -4.3% in de jaren 1990, en was vergelijkbaar met Noord-Korea (-4,3%). De groei van het BNI in Centraal-Azië (-4,3%) was minder dan de groei van het bruto nationaal inkomen in de wereld (2,8%), was minder dan de groei van het bruto nationaal inkomen in Azië (4,6%).

Vergelijking met subregio's. Het BNI van Centraal-Azië was minder dan in Oost-Azië (US$5,9 biljoen), in Zuidwest-Azië (US$668,1 miljard), in Zuid-Azië (US$598,5 miljard) en in Zuidoost-Azië (US$562,2 miljard). Het BNI per hoofd in Centraal-Azië was in Centraal-Azië groter dan in Zuid-Azië (US$457,0); maar minder dan in Oost-Azië (US$4,1 duizend), in Zuidwest-Azië (US$4,1 duizend) en in Zuidoost-Azië (US$1.167,8). De groei van het BNI in Centraal-Azië was minder dan in Zuidoost-Azië (5,3%), in Zuid-Azië (5,1%), in Oost-Azië (4,3%) en in Zuidwest-Azië (4,3%).

Leiders. Het BNI van Centraal-Azië in de jaren 1990 bestond uit: Kazachstan (49,0%), Oezbekistan (36,8%), Turkmenistan (5,9%), Tadzjikistan (4,4%), Kirgizië (3,9%). Het BNI per hoofd in Centraal-Azië onder de leiders: Kazachstan ($1.459,2), Oezbekistan ($772,9), Turkmenistan ($680,9), Kirgizië ($400,8) en Tadzjikistan ($361,3). De groei van het BNI onder de leiders: Oezbekistan (-0,67%), Turkmenistan (-3,3%), Kazachstan (-5,3%), Kirgizië (-5,6%) en Tadzjikistan (-11,2%).

de jaren 2000

Het bruto nationaal inkomen van Centraal-Azië bedroeg in de jaren 2000 US$95,7 miljard per jaar, en was vergelijkbaar met Algerije (US$95,8 miljard), Hongarije (US$95,3 miljard). Het aandeel in de wereld was 0,21%, en 0,76% in Azië.

Het bruto nationaal inkomen per hoofd in Centraal-Azië was $1.642,1 in de jaren 2000s, en was vergelijkbaar met Syrië (US$1.660,7), Georgië (US$1.669,8). Het BNI per hoofd in Centraal-Azië was in 4,4 keer lager dan het bruto nationaal inkomen per hoofd van de bevolking in de wereld ($7.165,2), en was 48,7% lager dan het bruto nationaal inkomen per hoofd van de bevolking in Azië ($7.165,2).

De groei van het bruto nationaal inkomen in Centraal-Azië bedroeg 7.1% in de jaren 2000. De groei van het bruto nationaal inkomen in Centraal-Azië (7,1%) was groter dan de groei van het BNI in de wereld (3,0%), was groter dan de groei van het BNI in Azië (5,3%).

Vergelijking met subregio's. Het BNI van Centraal-Azië was minder dan in Oost-Azië (US$8,8 biljoen), in Zuidwest-Azië (US$1,5 biljoen), in Zuid-Azië (US$1,3 biljoen) en in Zuidoost-Azië (US$1,0 biljoen). Het bruto nationaal inkomen per hoofd in Centraal-Azië was in Centraal-Azië groter dan in Zuid-Azië (US$823,6); maar minder dan in Zuidwest-Azië (US$7,3 duizend), in Oost-Azië (US$5,6 duizend) en in Zuidoost-Azië (US$1.795,5). De groei van het BNI in Centraal-Azië was groter dan in Zuid-Azië (5,7%), in Oost-Azië (5,4%), in Zuidoost-Azië (5,2%) en in Zuidwest-Azië (4,2%).

Leiders. Het BNI van Centraal-Azië in de jaren 2000 bestond uit: Kazachstan (58,8%), Oezbekistan (21,3%), Turkmenistan (13,5%), Tadzjikistan (3,5%), Kirgizië (2,8%). Het BNI per hoofd in Centraal-Azië onder de leiders: Kazachstan ($3.662,8), Turkmenistan ($2.726,8), Oezbekistan ($775,8), Kirgizië ($525,3) en Tadzjikistan ($498,5). De groei van het BNI onder de leiders: Tadzjikistan (8,0%), Kazachstan (7,6%), Turkmenistan (6,7%), Oezbekistan (6,6%) en Kirgizië (4,9%).

de jaren 2010

Het BNI van Centraal-Azië bedroeg in de jaren 2010 US$280,7 miljard per jaar. Het aandeel in de wereld was 0,36%, en 1,0% in Azië.

Het bruto nationaal inkomen per hoofd in Centraal-Azië was $4.132,6 in de jaren 2010s, en was vergelijkbaar met de Marshalleilanden (US$4,2 duizend), Kosovo (US$4,0 duizend). Het BNI per hoofd in Centraal-Azië was in 2,6 keer lager dan het bruto nationaal inkomen per hoofd van de bevolking in de wereld ($10.611,7), en was 33,6% lager dan het bruto nationaal inkomen per hoofd van de bevolking in Azië ($10.611,7).

De groei van het bruto nationaal inkomen in Centraal-Azië bedroeg 5.4% in de jaren 2010, en was vergelijkbaar met Mozambique (5,4%). De groei van het bruto nationaal inkomen in Centraal-Azië (5,4%) was groter dan de groei van het BNI in de wereld (3,1%), was groter dan de groei van het BNI in Azië (5,2%).

Vergelijking met subregio's. Het BNI van Centraal-Azië was 65,0 keer minder dan in Oost-Azië (US$18,3 biljoen), 11,7 keer minder dan in Zuid-Azië (US$3,3 biljoen), 11,1 keer minder dan in Zuidwest-Azië (US$3,1 biljoen) en 9,0 keer minder dan in Zuidoost-Azië (US$2,5 biljoen). Het BNI per hoofd in Centraal-Azië was in Centraal-Azië2,6% groter dan in Zuidoost-Azië (US$4,0 duizend) en 2,3 keer groter dan in Zuid-Azië (US$1.802,0); maar 3,0 keer minder dan in Zuidwest-Azië (US$12,2 duizend) en 2,7 keer minder dan in Oost-Azië (US$11,1 duizend). De groei van het bruto nationaal inkomen in Centraal-Azië was groter dan in Oost-Azië (5,3%), in Zuidoost-Azië (5,2%) en in Zuidwest-Azië (3,9%); maar minder dan in Zuid-Azië (5,5%).

Leiders. Het bruto nationaal inkomen van Centraal-Azië in de jaren 2010 bestond uit: Kazachstan (58,4%), Oezbekistan (23,6%), Turkmenistan (12,3%), Tadzjikistan (3,4%), Kirgizië (2,4%). Het bruto nationaal inkomen per hoofd in Centraal-Azië onder de leiders: Kazachstan ($9.412,6), Turkmenistan ($6.258,4), Oezbekistan ($2.154,9), Tadzjikistan ($1.127,7) en Kirgizië ($1.125,3). De groei van het bruto nationaal inkomen onder de leiders: Turkmenistan (8,6%), Oezbekistan (7,0%), Tadzjikistan (6,4%), Kazachstan (4,2%) en Kirgizië (3,8%).

Part II. Structuur

Hoofdstuk IV. Landbouw

Landbouw, jacht, bosbouw, vissen (ISIC A-B)

De waarde van de landbouw in Centraal-Azië steeg van US$12,7 miljard per jaar in de jaren 1990 tot US$33,5 miljard per jaar in de jaren 2010, dat wil zeggen met US$20,7 miljard of 2,6 keer. De verandering vond plaats op US$8,7 miljard als gevolg van een 1,4-voudige stijging van de prijzen, en ook op US$8,4 miljard als gevolg van een 1,5-voudige toename van de productiviteit , evenals op US$3,7 miljard als gevolg van de toename van de bevolking. De gemiddelde jaarlijkse groei van de landbouw is 2,0%. De minimumwaarde van de landbouw bedroeg US$9,4 miljard in 1993. De maximumwaarde van de landbouw bedroeg US$39,9 miljard in 2015.

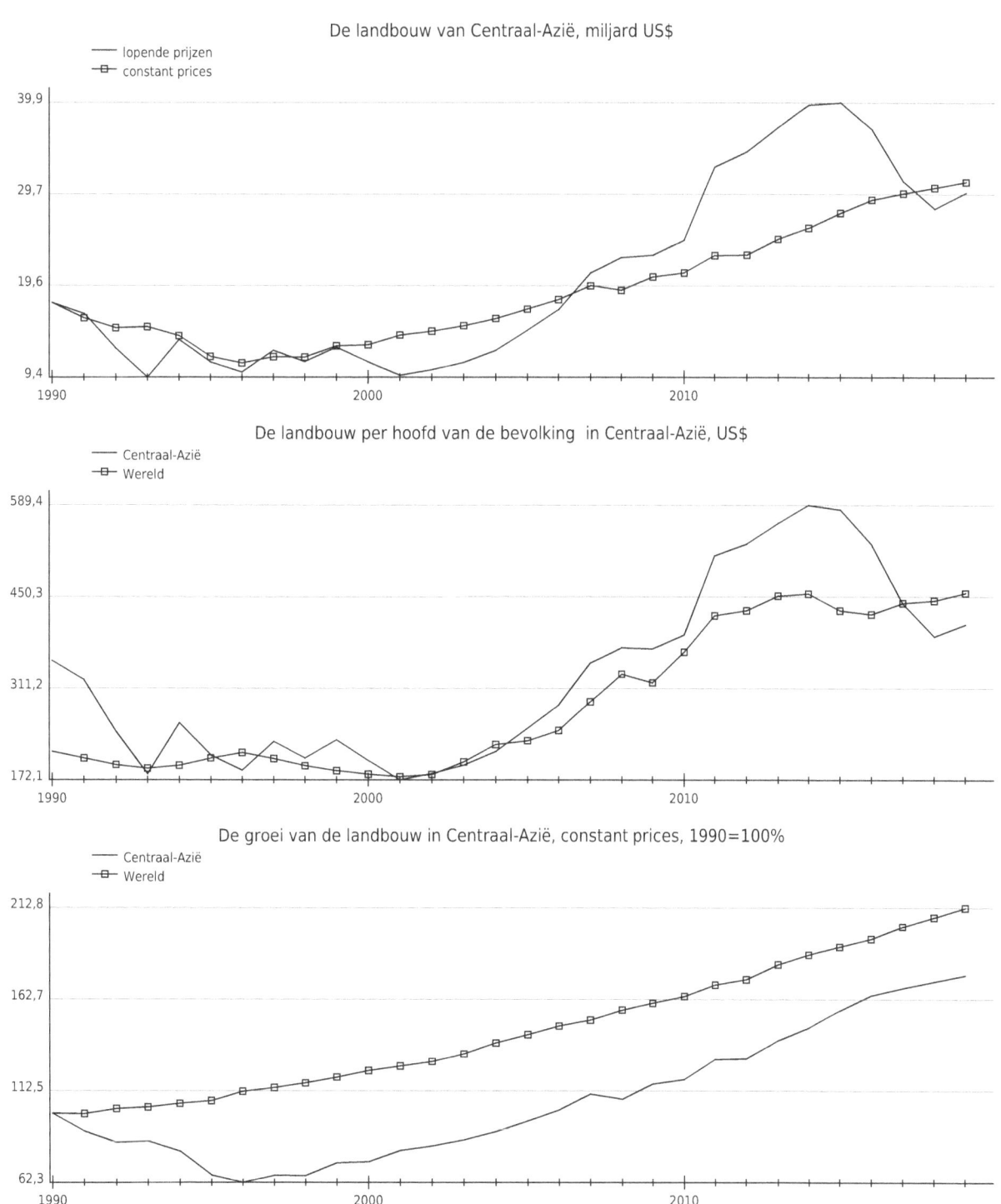

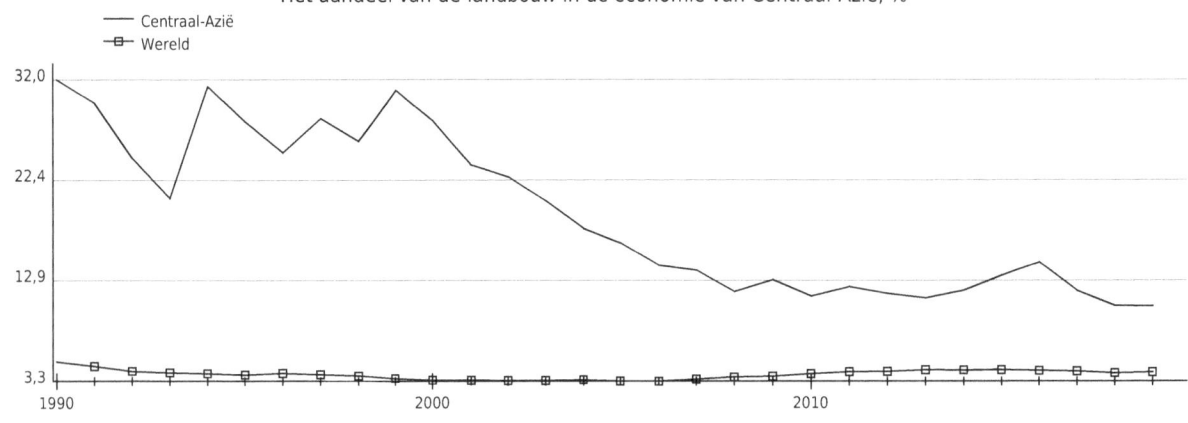

Het aandeel van de landbouw in de economie van Centraal-Azië, %

de jaren 1990

De waarde van de landbouw in Centraal-Azië bedroeg in de jaren 1990 US$12,7 miljard per jaar, en was vergelijkbaar met Argentinië (US$12,8 miljard), de Filipijnen (US$12,5 miljard). Het aandeel in de wereld was 1,1%, en 2,4% in Azië.

Het aandeel van de landbouw in de economie van Centraal-Azië was 27,7% in de jaren 1990, en was vergelijkbaar met Oost-Timor (27,6%), Vanuatu (27,6%).

De sector van de landbouw per hoofd in Centraal-Azië was $241,3 in de jaren 1990s, en was vergelijkbaar met Zuid-Amerika (US$240,6), Mexico (US$243,1), Tunesië (US$239,1). De toegevoegde waarde van de landbouw per hoofd in Centraal-Azië was 20,8% hoger dan de landbouw per hoofd van de bevolking in de wereld ($199,8), en was 59,2% hoger dan de landbouw per hoofd van de bevolking in Azië ($199,8).

De groei van de landbouw in Centraal-Azië bedroeg -3.4% in de jaren 1990. De groei van de landbouw in Centraal-Azië (-3,4%) was minder dan de groei van de landbouw in de wereld (2,2%), was minder dan de groei van de landbouw in Azië (3,2%).

Vergelijking met subregio's. De toegevoegde waarde van de landbouw in Centraal-Azië was minder dan in Oost-Azië (US$253,2 miljard), in Zuid-Azië (US$136,3 miljard), in Zuidoost-Azië (US$73,5 miljard) en in Zuidwest-Azië (US$49,6 miljard). De toegevoegde waarde van de landbouw per hoofd in Centraal-Azië was in Centraal-Azië groter dan in Oost-Azië (US$173,9), in Zuidoost-Azië (US$152,6) en in Zuid-Azië (US$104,1); maar minder dan in Zuidwest-Azië (US$301,5). De groei van de landbouw in Centraal-Azië was minder dan in Oost-Azië (3,2%), in Zuidwest-Azië (3,0%), in Zuid-Azië (2,9%) en in Zuidoost-Azië (2,4%).

Leiders. De waarde van de landbouw in Centraal-Azië in de jaren 1990 bestond uit: Oezbekistan (52,3%), Kazachstan (33,6%), Kirgizië (5,6%), Turkmenistan (5,0%), Tadzjikistan (3,5%). Het aandeel van de landbouw in economie van de leiders: Oezbekistan (42,2%), Kirgizië (39,9%), Tadzjikistan (26,6%), Turkmenistan (23,4%) en Kazachstan (17,8%). De toegevoegde waarde van de landbouw per hoofd in Centraal-Azië onder de leiders: Oezbekistan ($296,2), Kazachstan ($270,0), Turkmenistan ($155,1), Kirgizië ($155,0) en Tadzjikistan ($77,4). De groei van de landbouw onder de leiders: Oezbekistan (0,52%), Kirgizië (0,40%), Turkmenistan (-6,2%), Kazachstan (-7,2%) en Tadzjikistan (-7,5%).

de jaren 2000

De toegevoegde waarde van de landbouw in Centraal-Azië bedroeg in de jaren 2000 US$15,3 miljard per jaar. Het aandeel in de wereld was 0,98%, en 1,9% in Azië.

Het aandeel van de landbouw in de economie van Centraal-Azië was 15,6% in de jaren 2000, en was vergelijkbaar met Afrika (15,6%).

De landbouw per hoofd in Centraal-Azië was $262,0 in de jaren 2000s, en was vergelijkbaar met West-Afrika (US$263,3), Marokko (US$260,4), Kiribati (US$260,2). De waarde van de landbouw per hoofd in Centraal-Azië was 9,0% hoger dan de landbouw per hoofd van de bevolking in de wereld ($240,3), en was 29,4% hoger dan de landbouw per hoofd van de bevolking in Azië ($240,3).

De groei van de landbouw in Centraal-Azië bedroeg 4.8% in de jaren 2000. De groei van de landbouw in Centraal-Azië (4,8%) was groter dan de groei van de landbouw in de wereld (3,0%), was groter dan de groei van de landbouw in Azië (3,1%).

Vergelijking met subregio's. De toegevoegde waarde van de landbouw in Centraal-Azië was minder dan in Oost-Azië (US$387,3 miljard), in Zuid-Azië (US$211,6 miljard), in Zuidoost-Azië (US$113,0 miljard) en in Zuidwest-Azië (US$73,1 miljard). De sector van de landbouw per hoofd in Centraal-Azië was in Centraal-Azië groter dan in Oost-Azië (US$248,4), in Zuidoost-Azië (US$202,7) en in Zuid-Azië (US$134,4); maar minder dan in Zuidwest-Azië (US$358,2). De groei van de landbouw in Centraal-Azië was groter dan in Zuidoost-Azië (3,6%), in Oost-Azië (3,4%), in Zuid-Azië (2,3%) en in Zuidwest-Azië (1,8%).

Leiders. De sector van de landbouw in Centraal-Azië in de jaren 2000 bestond uit: Oezbekistan (51,4%), Kazachstan (25,6%), Turkmenistan (14,6%), Kirgizië (4,9%), Tadzjikistan (3,5%). Het aandeel van de landbouw in economie van de leiders: Oezbekistan (42,2%), Kirgizië (29,8%), Tadzjikistan (22,9%), Turkmenistan (17,0%) en Kazachstan (6,4%). De toegevoegde waarde van de landbouw per hoofd in Centraal-Azië onder de leiders: Turkmenistan ($470,1), Oezbekistan ($298,2), Kazachstan ($254,3), Kirgizië ($146,9) en Tadzjikistan ($78,4). De groei van de landbouw onder de leiders: Tadzjikistan (9,3%), Oezbekistan (5,8%), Kazachstan (4,6%), Kirgizië (2,7%) en Turkmenistan (-1,5%).

de jaren 2010

De waarde van de landbouw in Centraal-Azië bedroeg in de jaren 2010 US$33,5 miljard per jaar, en was vergelijkbaar met Australië (US$32,7 miljard). Het aandeel in de wereld was 1,1%, en 1,7% in Azië.

Het aandeel van de landbouw in de economie van Centraal-Azië was 11,9% in de jaren 2010, en was vergelijkbaar met Fiji (11,9%).

De toegevoegde waarde van de landbouw per hoofd in Centraal-Azië was $492,5 in de jaren 2010s, en was vergelijkbaar met Melanesië (US$493,3), Europa (US$491,7), Noord-Europa (US$487,0). De waarde van de landbouw per hoofd in Centraal-Azië was 14,0% hoger dan de landbouw per hoofd van de bevolking in de wereld ($432,1), en was 12,8% hoger dan de landbouw per hoofd van de bevolking in Azië ($432,1).

De groei van de landbouw in Centraal-Azië bedroeg 4.2% in de jaren 2010, en was vergelijkbaar met Oost-Afrika (4,2%), Bolivia (4,2%). De groei van de landbouw in Centraal-Azië (4,2%) was groter dan de groei van de landbouw in de wereld (2,9%), was groter dan de groei van de landbouw in Azië (3,3%).

Vergelijking met subregio's. De sector van de landbouw in Centraal-Azië was 29,6 keer minder dan in Oost-Azië (US$988,8 miljard), 15,2 keer minder dan in Zuid-Azië (US$510,0 miljard), 8,3 keer minder dan in Zuidoost-Azië (US$279,2 miljard) en 3,4 keer minder dan in Zuidwest-Azië (US$113,7 miljard). De landbouw per hoofd in Centraal-Azië was in Centraal-Azië10,2% groter dan in Zuidwest-Azië (US$446,9), 11,1% groter dan in Zuidoost-Azië (US$443,1) en 75,4% groter dan in Zuid-Azië (US$280,8); maar 18,3% minder dan in Oost-Azië (US$602,9). De groei van de landbouw in Centraal-Azië was groter dan in Zuid-Azië (3,8%), in Oost-Azië (3,3%), in Zuidoost-Azië (2,6%) en in Zuidwest-Azië (2,2%).

Leiders. De sector van de landbouw in Centraal-Azië in de jaren 2010 bestond uit: Oezbekistan (57,3%), Kazachstan (25,1%), Turkmenistan (9,8%), Tadzjikistan (4,9%), Kirgizië (3,0%). Het aandeel van de landbouw in economie van de leiders: Oezbekistan (32,9%), Tadzjikistan (24,0%), Kirgizië (15,6%), Turkmenistan (9,0%) en Kazachstan (4,9%). De landbouw per hoofd in Centraal-Azië onder de leiders: Oezbekistan ($624,3), Turkmenistan ($594,4), Kazachstan ($481,8), Tadzjikistan ($194,2) en Kirgizië ($167,6). De groei van de landbouw onder de leiders: Tadzjikistan (6,5%), Turkmenistan (6,4%), Oezbekistan (4,8%), Kazachstan (2,0%) en Kirgizië (1,9%).

Hoofdstuk V. Industrie

Mijnbouw, productie, nutsbedrijven (ISIC C-E)

De toegevoegde waarde van de industrie in Centraal-Azië steeg van US$10,6 miljard per jaar in de jaren 1990 tot US$86,0 miljard per jaar in de jaren 2010, dat wil zeggen met US$75,4 miljard of 8,1 keer. De verandering vond plaats op US$60,5 miljard als gevolg van een 3,4-voudige stijging van de prijzen, en ook op US$11,9 miljard als gevolg van een 1,9-voudige toename van de productiviteit , evenals op US$3,0 miljard als gevolg van de toename van de bevolking. De gemiddelde jaarlijkse groei van de industrie is 3,1%. De minimumwaarde van de industrie bedroeg US$8,9 miljard in 1999. De maximumwaarde van de industrie bedroeg US$100,9 miljard in 2013.

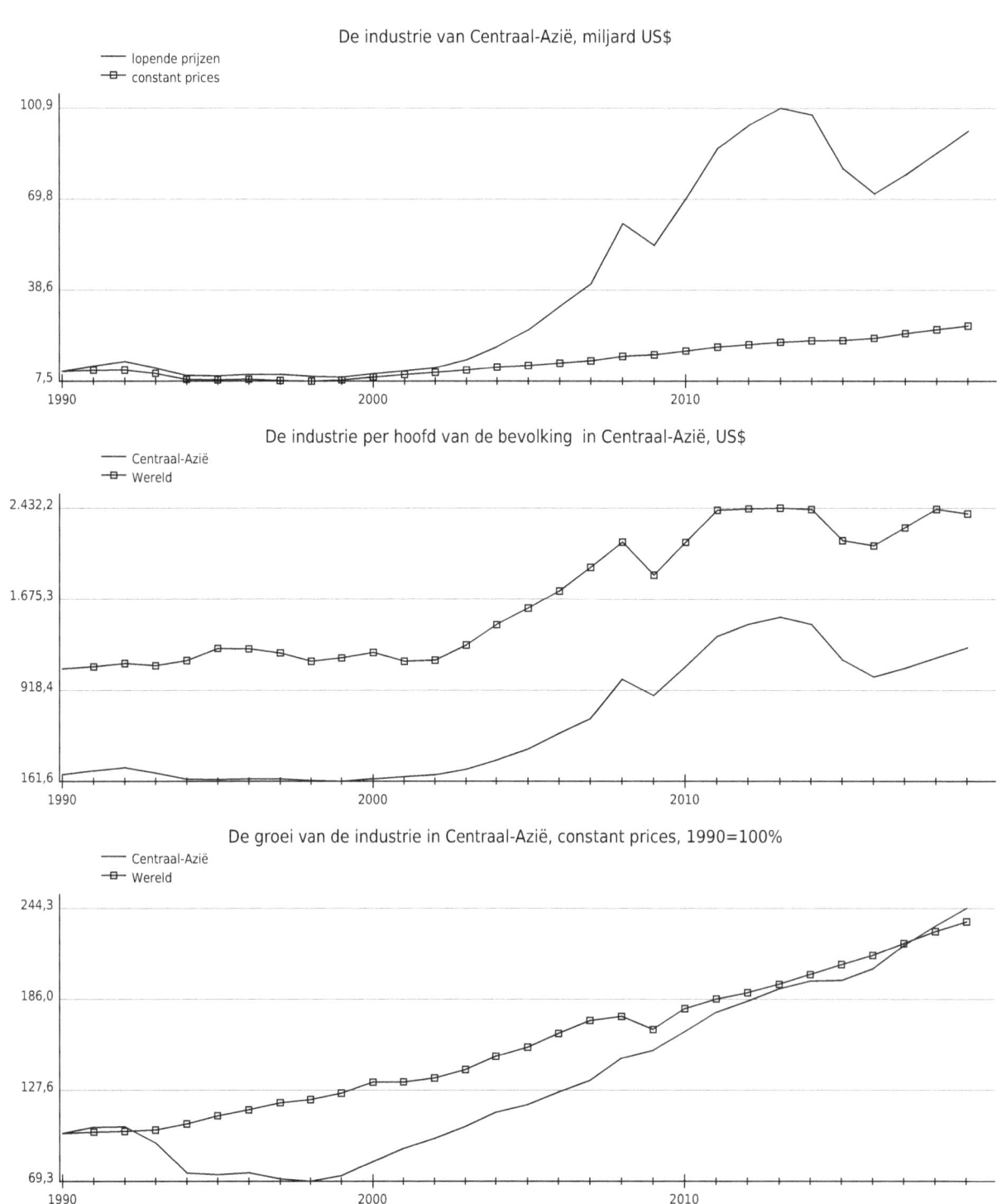

De industrie van Centraal-Azië, miljard US$

De industrie per hoofd van de bevolking in Centraal-Azië, US$

De groei van de industrie in Centraal-Azië, constant prices, 1990=100%

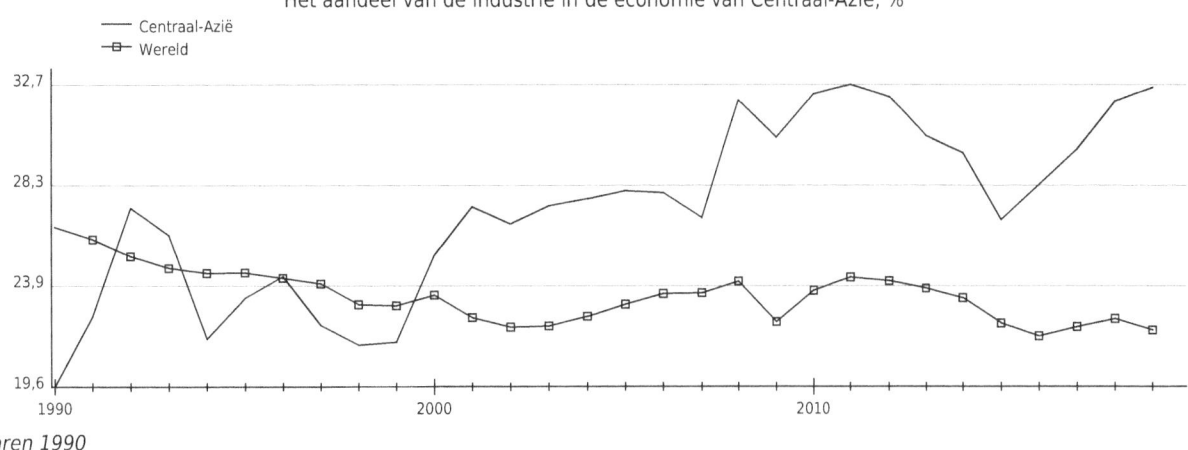

Het aandeel van de industrie in de economie van Centraal-Azië, %

de jaren 1990

De waarde van de industrie in Centraal-Azië bedroeg in de jaren 1990 US$10,6 miljard per jaar, en was vergelijkbaar met Roemenië (US$10,6 miljard), Peru (US$10,4 miljard). Het aandeel in de wereld was 0,16%, en 0,48% in Azië.

Het aandeel van de industrie in de economie van Centraal-Azië was 23,0% in de jaren 1990, en was vergelijkbaar met de Centraal-Afrikaanse Republiek (23,0%), Honduras (23,0%), El Salvador (23,1%).

De industrie per hoofd in Centraal-Azië was $200,3 in de jaren 1990s, en was vergelijkbaar met Syrië (US$198,6), Senegal (US$198,4). De waarde van de industrie per hoofd in Centraal-Azië was in 5,9 keer lager dan de industrie per hoofd van de bevolking in de wereld ($1.175,6), en was in 3,2 keer lager dan de industrie per hoofd van de bevolking in Azië ($1.175,6).

De groei van de industrie in Centraal-Azië bedroeg -3.5% in de jaren 1990. De groei van de industrie in Centraal-Azië (-3,5%) was minder dan de groei van de industrie in de wereld (2,5%), was minder dan de groei van de industrie in Azië (5,5%).

Vergelijking met subregio's. De toegevoegde waarde van de industrie in Centraal-Azië was minder dan in Oost-Azië (US$1,7 biljoen), in Zuidwest-Azië (US$207,7 miljard), in Zuidoost-Azië (US$176,1 miljard) en in Zuid-Azië (US$133,4 miljard). De sector van de industrie per hoofd in Centraal-Azië was in Centraal-Azië groter dan in Zuid-Azië (US$101,9); maar minder dan in Zuidwest-Azië (US$1.262,7), in Oost-Azië (US$1.159,5) en in Zuidoost-Azië (US$365,8). De groei van de industrie in Centraal-Azië was minder dan in Zuidoost-Azië (6,3%), in Oost-Azië (5,4%), in Zuid-Azië (5,0%) en in Zuidwest-Azië (4,6%).

Leiders. De toegevoegde waarde van de industrie in Centraal-Azië in de jaren 1990 bestond uit: Kazachstan (49,3%), Oezbekistan (28,9%), Turkmenistan (11,0%), Tadzjikistan (6,5%), Kirgizië (4,3%). Het aandeel van de industrie in economie van de leiders: Turkmenistan (42,5%), Tadzjikistan (41,0%), Kirgizië (25,4%), Kazachstan (21,8%) en Oezbekistan (19,3%). De sector van de industrie per hoofd in Centraal-Azië onder de leiders: Kazachstan ($329,2), Turkmenistan ($282,1), Oezbekistan ($135,8), Tadzjikistan ($119,3) en Kirgizië ($98,7). De groei van de industrie onder de leiders: Turkmenistan (-1,1%), Kazachstan (-2,7%), Oezbekistan (-3,8%), Kirgizië (-7,8%) en Tadzjikistan (-12,2%).

de jaren 2000

De waarde van de industrie in Centraal-Azië bedroeg in de jaren 2000 US$28,1 miljard per jaar, en was vergelijkbaar met Griekenland (US$28,3 miljard). Het aandeel in de wereld was 0,28%, en 0,75% in Azië.

Het aandeel van de industrie in de economie van Centraal-Azië was 28,8% in de jaren 2000, en was vergelijkbaar met Oekraïne (28,8%).

De sector van de industrie per hoofd in Centraal-Azië was $482,9 in de jaren 2000s, en was vergelijkbaar met Oekraïne (US$481,3), Syrië (US$480,5), Grenada (US$488,4). De waarde van de industrie per hoofd in Centraal-Azië was in 3,3 keer lager dan de industrie per hoofd van de bevolking in de wereld ($1.573,8), en was 49,3% lager dan de industrie per hoofd van de bevolking in Azië ($1.573,8).

De groei van de industrie in Centraal-Azië bedroeg 7.7% in de jaren 2000, en was vergelijkbaar met Jordanië (7,8%), Wit-Rusland (7,8%). De groei van de industrie in Centraal-Azië (7,7%) was groter dan de groei van de industrie in de wereld (2,9%), was groter dan de groei van de industrie in Azië (5,7%).

Vergelijking met subregio's. De waarde van de industrie in Centraal-Azië was minder dan in Oost-Azië (US$2,5 biljoen), in Zuidwest-Azië (US$535,3 miljard), in Zuidoost-Azië (US$346,9 miljard) en in Zuid-Azië (US$311,4 miljard). De waarde van de industrie per hoofd in Centraal-Azië was in Centraal-Azië groter dan in Zuid-Azië (US$197,8); maar minder dan in Zuidwest-Azië (US$2,6 duizend), in Oost-Azië (US$1.629,7) en in Zuidoost-Azië (US$622,3). De groei van de industrie in Centraal-Azië was groter dan in Oost-Azië (6,6%), in Zuid-Azië (5,9%), in Zuidoost-Azië (4,1%) en in Zuidwest-Azië (2,8%).

Leiders. De toegevoegde waarde van de industrie in Centraal-Azië in de jaren 2000 bestond uit: Kazachstan (67,6%), Turkmenistan (18,0%), Oezbekistan (10,8%), Tadzjikistan (1,9%), Kirgizië (1,7%). Het aandeel van de industrie in economie van de leiders: Turkmenistan (38,6%), Kazachstan (31,1%), Tadzjikistan (23,1%), Kirgizië (18,7%) en Oezbekistan (16,4%). De toegevoegde waarde van de industrie per hoofd in Centraal-Azië onder de leiders: Kazachstan ($1.238,4), Turkmenistan ($1.067,3), Oezbekistan ($115,7), Kirgizië ($91,9) en Tadzjikistan ($79,0). De groei van de industrie onder de leiders: Turkmenistan (12,6%), Kazachstan (8,3%), Oezbekistan (4,4%), Tadzjikistan (3,2%) en Kirgizië (0,040%).

de jaren 2010

De industrie van Centraal-Azië bedroeg in de jaren 2010 US$86,0 miljard per jaar, en was vergelijkbaar met Ierland (US$85,8 miljard), Koeweit (US$87,7 miljard). Het aandeel in de wereld was 0,51%, en 1,1% in Azië.

Het aandeel van de industrie in de economie van Centraal-Azië was 30,6% in de jaren 2010, en was vergelijkbaar met Tsjechië (30,6%), Oost-Azië (30,7%), Noord-Afrika (30,7%).

De toegevoegde waarde van de industrie per hoofd in Centraal-Azië was $1.266,1 in de jaren 2010s, en was vergelijkbaar met Namibië (US$1.277,5), de Seychellen (US$1.249,7), Panama (US$1.286,5). De sector van de industrie per hoofd in Centraal-Azië was 45,4% lager dan de industrie per hoofd van de bevolking in de wereld ($2.320,9), en was 31,4% lager dan de industrie per hoofd van de bevolking in Azië ($2.320,9).

De groei van de industrie in Centraal-Azië bedroeg 4.8% in de jaren 2010. De groei van de industrie in Centraal-Azië (4,8%) was groter dan de groei van de industrie in de wereld (3,5%), was minder dan de groei van de industrie in Azië (5,6%).

Vergelijking met subregio's. De waarde van de industrie in Centraal-Azië was 63,8 keer minder dan in Oost-Azië (US$5,5 biljoen), 12,7 keer minder dan in Zuidwest-Azië (US$1,1 biljoen), 8,9 keer minder dan in Zuidoost-Azië (US$764,3 miljard) en 8,2 keer minder dan in Zuid-Azië (US$707,6 miljard). De industrie per hoofd in Centraal-Azië was in Centraal-Azië4,4% groter dan in Zuidoost-Azië (US$1.212,9) en 3,2 keer groter dan in Zuid-Azië (US$389,6); maar 3,4 keer minder dan in Zuidwest-Azië (US$4,3 duizend) en 2,6 keer minder dan in Oost-Azië (US$3,3 duizend). De groei van de industrie in Centraal-Azië was groter dan in Zuidoost-Azië (4,2%) en in Zuidwest-Azië (3,4%); maar minder dan in Oost-Azië (6,1%) en in Zuid-Azië (5,9%).

Leiders. De industrie van Centraal-Azië in de jaren 2010 bestond uit: Kazachstan (60,9%), Turkmenistan (21,8%), Oezbekistan (14,4%), Kirgizië (1,5%), Tadzjikistan (1,4%). Het aandeel van de industrie in economie van de leiders: Turkmenistan (51,5%), Kazachstan (30,3%), Oezbekistan (21,3%), Kirgizië (20,3%) en Tadzjikistan (17,8%). De sector van de industrie per hoofd in Centraal-Azië onder de leiders: Turkmenistan ($3.395,3), Kazachstan ($3.007,4), Oezbekistan ($404,2), Kirgizië ($217,5) en Tadzjikistan ($144,1). De groei van de industrie onder de leiders: Turkmenistan (8,1%), Oezbekistan (6,2%), Tadzjikistan (6,0%), Kirgizië (4,5%) en Kazachstan (3,2%).

Hoofdstuk 5.1. Fabricage

(ISIC D)

De waarde van de fabricage in Centraal-Azië steeg van US$6,8 miljard per jaar in de jaren 1990 tot US$49,1 miljard per jaar in de jaren 2010, dat wil zeggen met US$42,4 miljard of 7,3 keer. De verandering vond plaats op US$32,9 miljard als gevolg van een 3,0-voudige stijging van de prijzen, en ook op US$7,6 miljard als gevolg van een 1,9-voudige toename van de productiviteit , evenals op US$1,9 miljard als gevolg van de toename van de bevolking. De gemiddelde jaarlijkse groei van de fabricage is 3,2%. De minimumwaarde van de fabricage bedroeg US$5,5 miljard in 1998. De maximumwaarde van de fabricage bedroeg US$57,7 miljard in 2019.

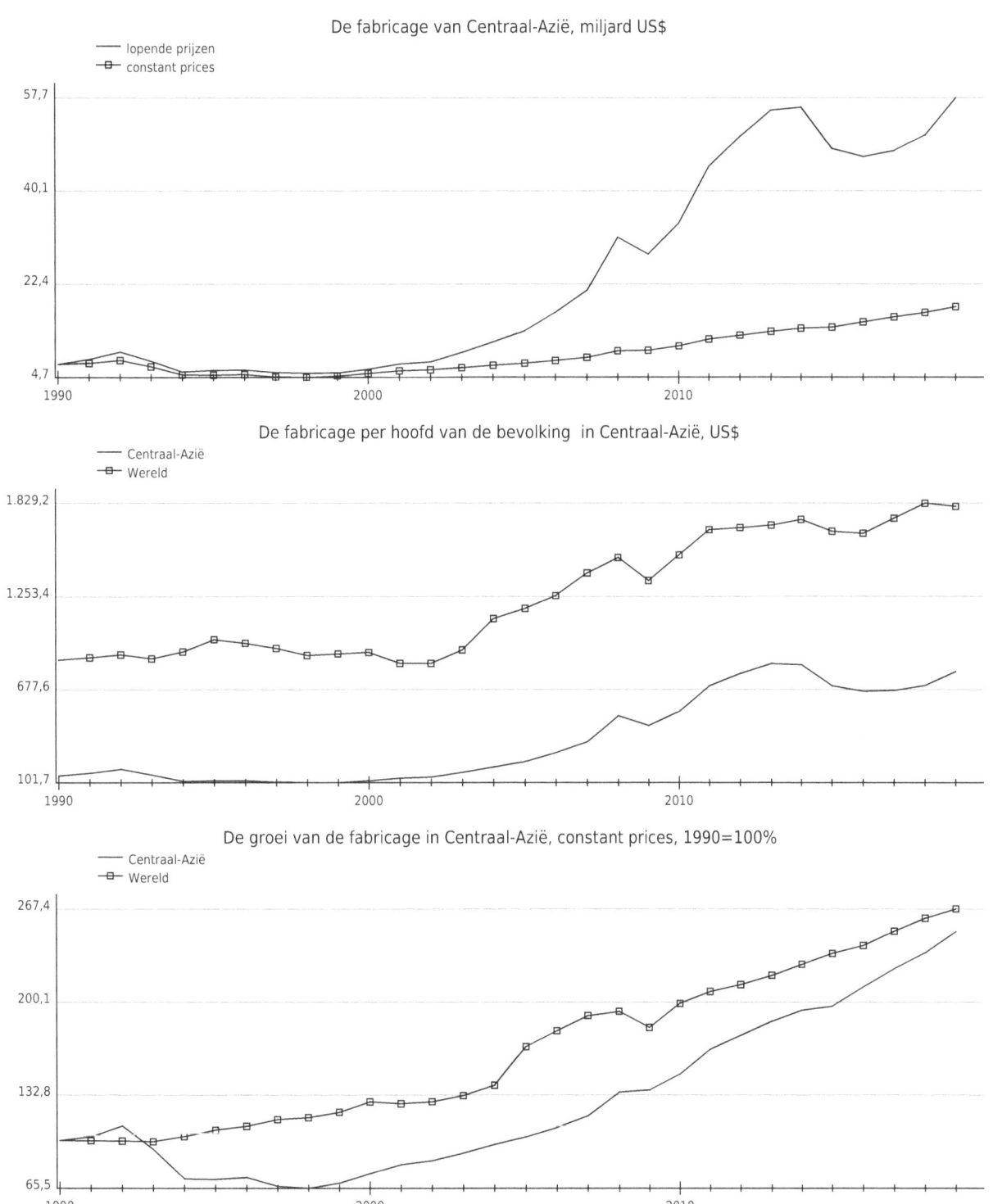

De fabricage van Centraal-Azië, miljard US$

De fabricage per hoofd van de bevolking in Centraal-Azië, US$

De groei van de fabricage in Centraal-Azië, constant prices, 1990=100%

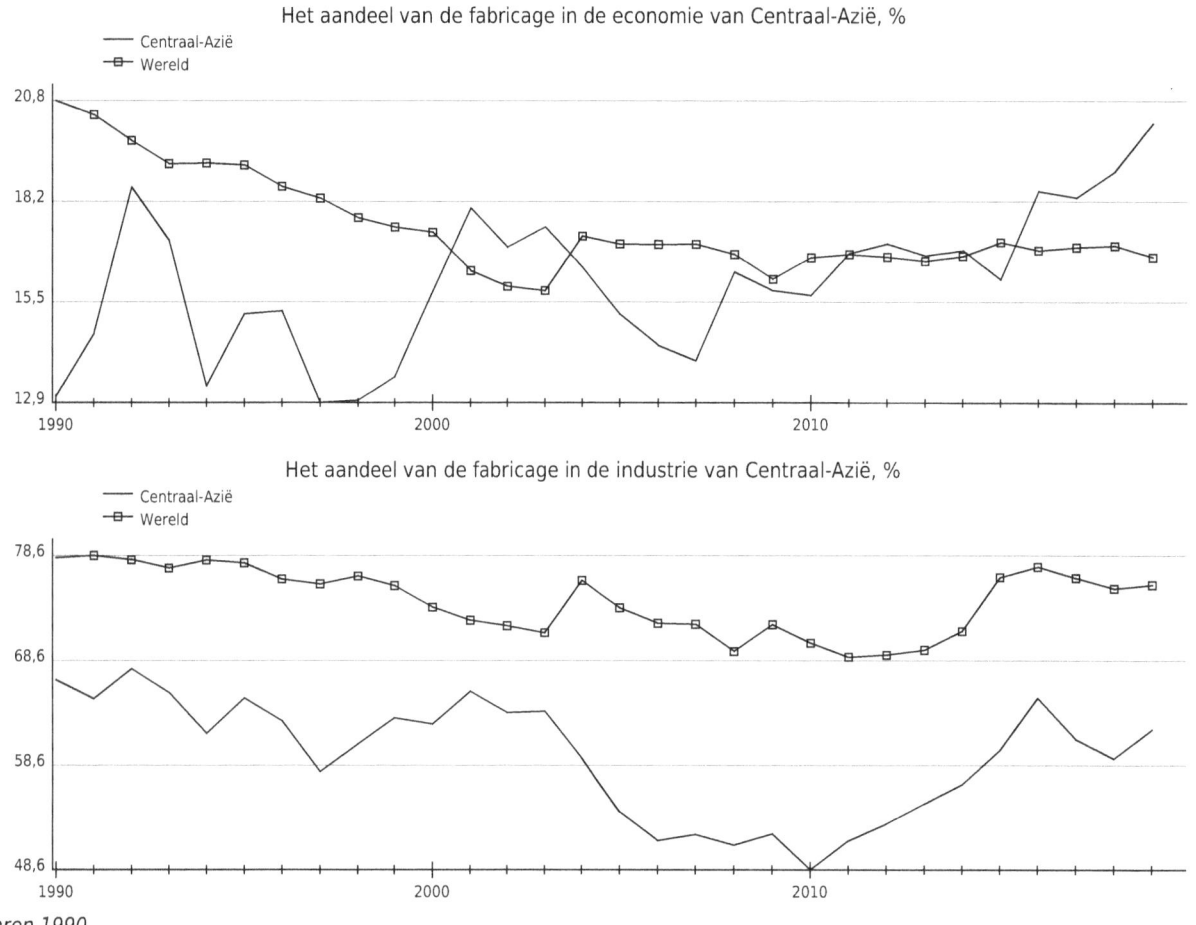

Het aandeel van de fabricage in de economie van Centraal-Azië, %

Het aandeel van de fabricage in de industrie van Centraal-Azië, %

de jaren 1990

De waarde van de fabricage in Centraal-Azië bedroeg in de jaren 1990 US$6,8 miljard per jaar, en was vergelijkbaar met Marokko (US$6,8 miljard). Het aandeel in de wereld was 0,13%, en 0,43% in Azië.

Het aandeel van de fabricage in de economie van Centraal-Azië was 14,7% in de jaren 1990.

De fabricage per hoofd in Centraal-Azië was $128,0 in de jaren 1990s, en was vergelijkbaar met de Cookeilanden (US$126,9). De toegevoegde waarde van de fabricage per hoofd in Centraal-Azië was in 7,1 keer lager dan de fabricage per hoofd van de bevolking in de wereld ($908,4), en was in 3,6 keer lager dan de fabricage per hoofd van de bevolking in Azië ($908,4).

De groei van de fabricage in Centraal-Azië bedroeg -4% in de jaren 1990, en was vergelijkbaar met Tuvalu (-4,0%). De groei van de fabricage in Centraal-Azië (-4,0%) was minder dan de groei van de fabricage in de wereld (2,0%), was minder dan de groei van de fabricage in Azië (3,5%).

Vergelijking met subregio's. De waarde van de fabricage in Centraal-Azië was minder dan in Oost-Azië (US$1,2 biljoen), in Zuidoost-Azië (US$138,9 miljard), in Zuidwest-Azië (US$102,5 miljard) en in Zuid-Azië (US$92,7 miljard). De fabricage per hoofd in Centraal-Azië was in Centraal-Azië groter dan in Zuid-Azië (US$70,8); maar minder dan in Oost-Azië (US$851,3), in Zuidwest-Azië (US$623,3) en in Zuidoost-Azië (US$288,6). De groei van de fabricage in Centraal-Azië was minder dan in Zuidoost-Azië (6,8%), in Zuid-Azië (5,9%), in Zuidwest-Azië (4,4%) en in Oost-Azië (2,1%).

Leiders. De toegevoegde waarde van de fabricage in Centraal-Azië in de jaren 1990 bestond uit: Kazachstan (38,0%), Oezbekistan (29,2%), Turkmenistan (16,8%), Tadzjikistan (10,1%), Kirgizië (6,0%). Het aandeel van de fabricage in economie van de leiders: Turkmenistan (41,4%), Tadzjikistan (41,0%), Kirgizië (22,6%), Oezbekistan (12,5%) en Kazachstan (10,7%). De toegevoegde waarde van de fabricage per hoofd in Centraal-Azië onder de leiders: Turkmenistan ($274,8), Kazachstan ($161,9), Tadzjikistan ($119,3), Kirgizië ($87,8) en Oezbekistan ($87,7). De groei van de fabricage onder de leiders: Turkmenistan (-1,5%), Kazachstan (-3,0%), Oezbekistan (-3,8%), Kirgizië (-7,6%) en Tadzjikistan (-12,2%).

de jaren 2000

De sector van de fabricage in Centraal-Azië bedroeg in de jaren 2000 US$15,3 miljard per jaar, en was vergelijkbaar met Oekraïne (US$15,3 miljard). Het aandeel in de wereld was 0,21%, en 0,59% in Azië.

Het aandeel van de fabricage in de economie van Centraal-Azië was 15,7% in de jaren 2000, en was vergelijkbaar met Malta (15,6%), Venezuela (15,8%), Nieuw-Caledonië (15,6%).

De waarde van de fabricage per hoofd in Centraal-Azië was $262,8 in de jaren 2000s, en was vergelijkbaar met Saint Lucia (US$267,6), Honduras (US$256,8). De toegevoegde waarde van de fabricage per hoofd in Centraal-Azië was in 4,3 keer lager dan de fabricage per hoofd van de bevolking in de wereld ($1.138,1), en was in 2,5 keer lager dan de fabricage per hoofd van de bevolking in Azië ($1.138,1).

De groei van de fabricage in Centraal-Azië bedroeg 7% in de jaren 2000, en was vergelijkbaar met Pakistan (7,0%), Ethiopië (7,0%), Polen (7,0%). De groei van de fabricage in Centraal-Azië (7,0%) was groter dan de groei van de fabricage in de wereld (4,2%), was minder dan de groei van de fabricage in Azië (10,5%).

Vergelijking met subregio's. De waarde van de fabricage in Centraal-Azië was minder dan in Oost-Azië (US$2,0 biljoen), in Zuidoost-Azië (US$255,0 miljard), in Zuid-Azië (US$202,0 miljard) en in Zuidwest-Azië (US$175,0 miljard). De fabricage per hoofd in Centraal-Azië was in Centraal-Azië groter dan in Zuid-Azië (US$128,3); maar minder dan in Oost-Azië (US$1.255,9), in Zuidwest-Azië (US$857,6) en in Zuidoost-Azië (US$457,3). De groei van de fabricage in Centraal-Azië was groter dan in Zuidoost-Azië (4,8%) en in Zuidwest-Azië (4,2%); maar minder dan in Oost-Azië (12,8%) en in Zuid-Azië (7,7%).

Leiders. De waarde van de fabricage in Centraal-Azië in de jaren 2000 bestond uit: Kazachstan (50,2%), Turkmenistan (31,1%), Oezbekistan (12,8%), Tadzjikistan (3,5%), Kirgizië (2,4%). Het aandeel van de fabricage in economie van de leiders: Turkmenistan (36,3%), Tadzjikistan (23,1%), Kirgizië (14,6%), Kazachstan (12,6%) en Oezbekistan (10,5%). De toegevoegde waarde van de fabricage per hoofd in Centraal-Azië onder de leiders: Turkmenistan ($1.005,9), Kazachstan ($500,6), Tadzjikistan ($79,0), Oezbekistan ($74,2) en Kirgizië ($71,8). De groei van de fabricage onder de leiders: Turkmenistan (12,5%), Kazachstan (6,9%), Oezbekistan (4,5%), Tadzjikistan (3,2%) en Kirgizië (-1,3%).

de jaren 2010

De sector van de fabricage in Centraal-Azië bedroeg in de jaren 2010 US$49,1 miljard per jaar, en was vergelijkbaar met Tsjechië (US$49,3 miljard), Puerto Rico (US$48,2 miljard). Het aandeel in de wereld was 0,39%, en 0,80% in Azië.

Het aandeel van de fabricage in de economie van Centraal-Azië was 17,5% in de jaren 2010, en was vergelijkbaar met Marokko (17,4%), Mexico (17,4%), Finland (17,4%).

De sector van de fabricage per hoofd in Centraal-Azië was $723,2 in de jaren 2010s. De fabricage per hoofd in Centraal-Azië was in 2,3 keer lager dan de fabricage per hoofd van de bevolking in de wereld ($1.697,4), en was 48,4% lager dan de fabricage per hoofd van de bevolking in Azië ($1.697,4).

De groei van de fabricage in Centraal-Azië bedroeg 6.3% in de jaren 2010, en was vergelijkbaar met de Marshalleilanden (6,2%), Oost-Azië (6,2%), Turkije (6,3%). De groei van de fabricage in Centraal-Azië (6,3%) was groter dan de groei van de fabricage in de wereld (3,9%), was groter dan de groei van de fabricage in Azië (6,0%).

Vergelijking met subregio's. De fabricage van Centraal-Azië was 96,5 keer minder dan in Oost-Azië (US$4,7 biljoen), 11,1 keer minder dan in Zuidoost-Azië (US$547,2 miljard), 9,8 keer minder dan in Zuid-Azië (US$483,0 miljard) en 7,3 keer minder dan in Zuidwest-Azië (US$359,7 miljard). De toegevoegde waarde van de fabricage per hoofd in Centraal-Azië was in Centraal-Azië2,7 keer groter dan in Zuid-Azië (US$265,9); maar 4,0 keer minder dan in Oost-Azië (US$2,9 duizend), 48,9% minder dan in Zuidwest-Azië (US$1.414,1) en 16,7% minder dan in Zuidoost-Azië (US$868,4). De groei van de fabricage in Centraal-Azië was groter dan in Oost-Azië (6,2%), in Zuidoost-Azië (4,9%) en in Zuidwest-Azië (4,4%); maar minder dan in Zuid-Azië (6,4%).

Leiders. De toegevoegde waarde van de fabricage in Centraal-Azië in de jaren 2010 bestond uit: Kazachstan (41,5%), Turkmenistan (35,9%), Oezbekistan (18,0%), Tadzjikistan (2,5%), Kirgizië (2,1%). Het aandeel van de fabricage in economie van de leiders: Turkmenistan (48,5%), Tadzjikistan (17,8%), Kirgizië (16,5%), Oezbekistan (15,2%) en Kazachstan (11,8%). De toegevoegde waarde van de fabricage per hoofd in Centraal-Azië onder de leiders: Turkmenistan ($3.200,1), Kazachstan ($1.170,2), Oezbekistan ($288,1), Kirgizië ($176,9) en Tadzjikistan ($144,1). De groei van de fabricage onder de leiders: Turkmenistan (8,1%), Oezbekistan (7,1%), Tadzjikistan (6,0%), Kazachstan (4,6%) en Kirgizië (3,8%).

Hoofdstuk VI. Constructie

(ISIC F)

De waarde van de constructie in Centraal-Azië steeg van US$3,3 miljard per jaar in de jaren 1990 tot US$19,6 miljard per jaar in de jaren 2010, dat wil zeggen met US$16,4 miljard of 6,0 keer. De verandering vond plaats op US$7,8 miljard als gevolg van een 1,7-voudige stijging van de prijzen, en ook op US$7,6 miljard als gevolg van een 2,8-voudige toename van de productiviteit , evenals op US$937,8 miljoen als gevolg van de toename van de bevolking. De gemiddelde jaarlijkse groei van de constructie is 3,2%. De minimumwaarde van de constructie bedroeg US$2,1 miljard in 2000. De maximumwaarde van de constructie bedroeg US$23,1 miljard in 2013.

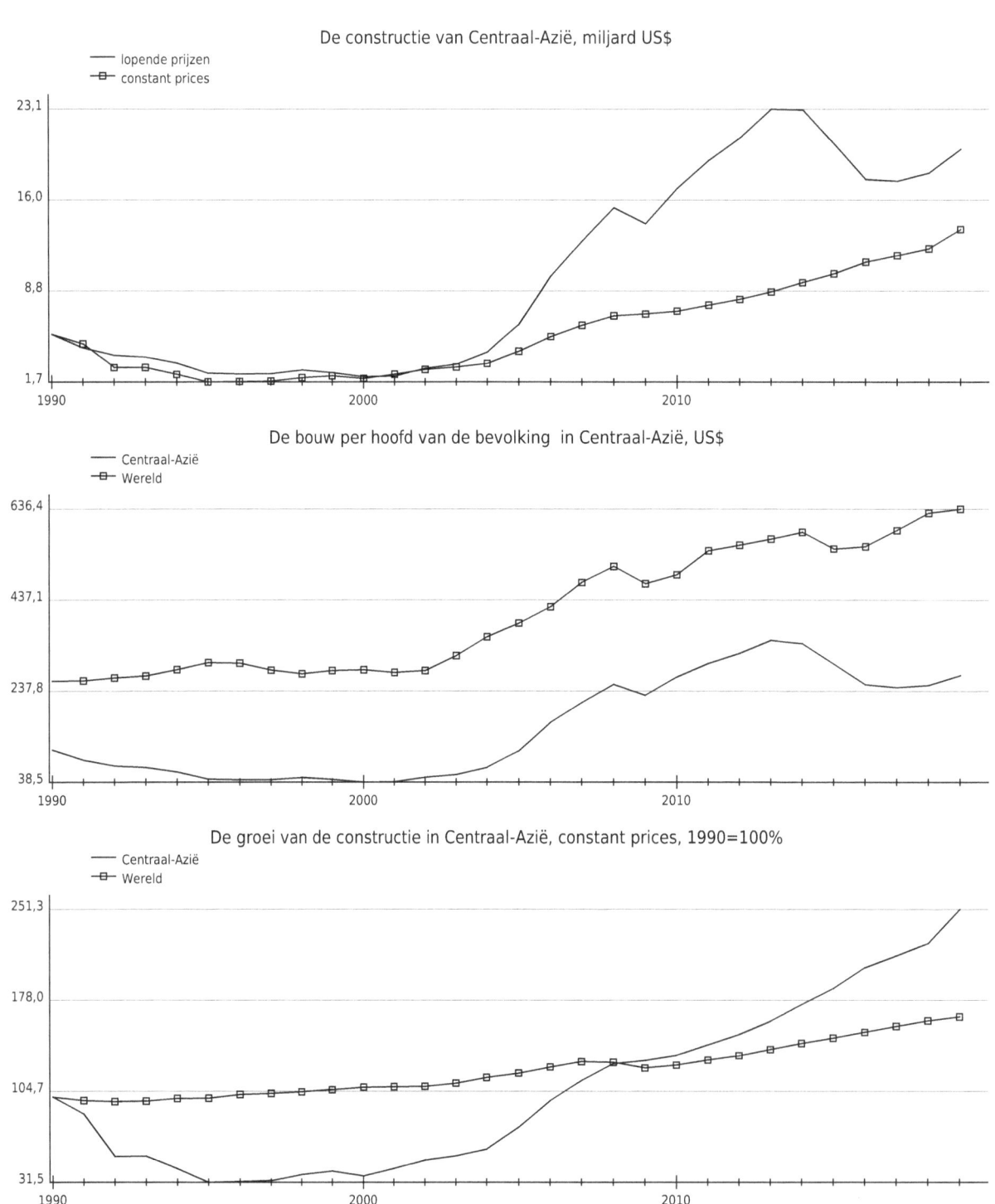

De constructie van Centraal-Azië, miljard US$

De bouw per hoofd van de bevolking in Centraal-Azië, US$

De groei van de constructie in Centraal-Azië, constant prices, 1990=100%

Het aandeel van de constructie in de economie van Centraal-Azië, %

— Centraal-Azië
—□— Wereld

de jaren 1990

De waarde van de constructie in Centraal-Azië bedroeg in de jaren 1990 US$3,3 miljard per jaar, en was vergelijkbaar met Tsjechië (US$3,3 miljard). Het aandeel in de wereld was 0,21%, en 0,59% in Azië.

Het aandeel van de constructie in de economie van Centraal-Azië was 7,1% in de jaren 1990, en was vergelijkbaar met Botswana (7,1%), Tsjechië (7,1%).

De toegevoegde waarde van de constructie per hoofd in Centraal-Azië was $61,8 in de jaren 1990s, en was vergelijkbaar met Lesotho (US$61,5), El Salvador (US$61,5), de Filipijnen (US$62,2). De toegevoegde waarde van de constructie per hoofd in Centraal-Azië was in 4,5 keer lager dan de constructie per hoofd van de bevolking in de wereld ($278,6), en was in 2,6 keer lager dan de constructie per hoofd van de bevolking in Azië ($278,6).

De groei van de constructie in Centraal-Azië bedroeg -9.6% in de jaren 1990, en was vergelijkbaar met Litouwen (-9,6%). De groei van de constructie in Centraal-Azië (-9,6%) was minder dan de groei van de constructie in de wereld (0,71%), was minder dan de groei van de constructie in Azië (2,3%).

Vergelijking met subregio's. De toegevoegde waarde van de constructie in Centraal-Azië was minder dan in Oost-Azië (US$439,5 miljard), in Zuidwest-Azië (US$43,0 miljard), in Zuidoost-Azië (US$33,2 miljard) en in Zuid-Azië (US$31,2 miljard). De sector van de constructie per hoofd in Centraal-Azië was in Centraal-Azië groter dan in Zuid-Azië (US$23,8); maar minder dan in Oost-Azië (US$301,8), in Zuidwest-Azië (US$261,7) en in Zuidoost-Azië (US$69,0). De groei van de constructie in Centraal-Azië was minder dan in Zuid-Azië (5,0%), in Zuidoost-Azië (4,6%), in Zuidwest-Azië (3,6%) en in Oost-Azië (1,5%).

Leiders. De bouw van Centraal-Azië in de jaren 1990 bestond uit: Kazachstan (51,2%), Oezbekistan (36,1%), Turkmenistan (7,2%), Kirgizië (3,0%), Tadzjikistan (2,4%). Het aandeel van de constructie in economie van de leiders: Turkmenistan (8,6%), Oezbekistan (7,4%), Kazachstan (7,0%), Kirgizië (5,6%) en Tadzjikistan (4,8%). De sector van de constructie per hoofd in Centraal-Azië onder de leiders: Kazachstan ($105,3), Turkmenistan ($57,0), Oezbekistan ($52,3), Kirgizië ($21,7) en Tadzjikistan ($13,9). De groei van de constructie onder de leiders: Turkmenistan (10,5%), Oezbekistan (-2,9%), Tadzjikistan (-6,4%), Kazachstan (-15,2%) en Kirgizië (-16,2%).

de jaren 2000

De bouw van Centraal-Azië bedroeg in de jaren 2000 US$7,3 miljard per jaar, en was vergelijkbaar met Zuidelijk Afrika (US$7,2 miljard). Het aandeel in de wereld was 0,29%, en 1,0% in Azië.

Het aandeel van de constructie in de economie van Centraal-Azië was 7,4% in de jaren 2000, en was vergelijkbaar met Trinidad en Tobago (7,4%), Australië (7,4%).

De waarde van de constructie per hoofd in Centraal-Azië was $124,5 in de jaren 2000s. De constructie per hoofd in Centraal-Azië was in 3,1 keer lager dan de constructie per hoofd van de bevolking in de wereld ($381,3), en was 31,5% lager dan de constructie per hoofd van de bevolking in Azië ($381,3).

De groei van de constructie in Centraal-Azië bedroeg 12.4% in de jaren 2000, en was vergelijkbaar met Montenegro (12,4%), Tsjaad (12,4%), Wit-Rusland (12,5%). De groei van de constructie in Centraal-Azië (12,4%) was groter dan de groei van de constructie in de wereld (1,5%), was groter dan de groei van de constructie in Azië (4,4%).

Vergelijking met subregio's. De sector van de constructie in Centraal-Azië was minder dan in Oost-Azië (US$485,4 miljard), in Zuid-Azië (US$93,6 miljard), in Zuidwest-Azië (US$84,0 miljard) en in Zuidoost-Azië (US$48,9 miljard). De waarde van de constructie per hoofd in Centraal-Azië was in Centraal-Azië groter dan in Zuidoost-Azië (US$87,7) en in Zuid-Azië (US$59,5); maar minder dan in Zuidwest-Azië (US$411,8) en in Oost-Azië (US$311,3). De groei van de constructie in Centraal-Azië was groter dan in Zuid-Azië (8,5%), in Zuidwest-Azië (7,1%), in Zuidoost-Azië (5,7%) en in Oost-Azië (3,0%).

Leiders. De toegevoegde waarde van de constructie in Centraal-Azië in de jaren 2000 bestond uit: Kazachstan (69,4%), Turkmenistan (14,0%), Oezbekistan (12,5%), Tadzjikistan (2,5%), Kirgizië (1,6%). Het aandeel van de constructie in economie van de leiders: Kazachstan (8,2%), Tadzjikistan (7,9%), Turkmenistan (7,7%), Oezbekistan (4,9%) en Kirgizië (4,6%). De toegevoegde waarde van de constructie per hoofd in Centraal-Azië onder de leiders: Kazachstan ($327,8), Turkmenistan ($213,6), Oezbekistan ($34,5), Tadzjikistan ($27,0) en Kirgizië ($22,5). De groei van de constructie onder de leiders: Kazachstan (17,2%), Kirgizië (13,5%), Oezbekistan (9,5%), Turkmenistan (5,4%) en Tadzjikistan (4,7%).

de jaren 2010

De toegevoegde waarde van de constructie in Centraal-Azië bedroeg in de jaren 2010 US$19,6 miljard per jaar, en was vergelijkbaar met Centraal-Afrika (US$19,4 miljard), de Filipijnen (US$19,3 miljard). Het aandeel in de wereld was 0,47%, en 1,1% in Azië.

Het aandeel van de constructie in de economie van Centraal-Azië was 7,0% in de jaren 2010, en was vergelijkbaar met Oost-Europa (7,0%), China (7,0%), Botswana (7,0%).

De waarde van de constructie per hoofd in Centraal-Azië was $288,8 in de jaren 2010s, en was vergelijkbaar met Congo (US$289,8), Kosovo (US$287,1). De waarde van de constructie per hoofd in Centraal-Azië was 49,5% lager dan de constructie per hoofd van de bevolking in de wereld ($572,1), en was 26,5% lager dan de constructie per hoofd van de bevolking in Azië ($572,1).

De groei van de constructie in Centraal-Azië bedroeg 6.9% in de jaren 2010, en was vergelijkbaar met Vietnam (6,8%), Moldavië (6,8%). De groei van de constructie in Centraal-Azië (6,9%) was groter dan de groei van de constructie in de wereld (2,9%), was groter dan de groei van de constructie in Azië (5,6%).

Vergelijking met subregio's. De bouw van Centraal-Azië was 56,6 keer minder dan in Oost-Azië (US$1,1 biljoen), 11,6 keer minder dan in Zuid-Azië (US$228,4 miljard), 10,4 keer minder dan in Zuidwest-Azië (US$204,9 miljard) en 8,6 keer minder dan in Zuidoost-Azië (US$168,2 miljard). De waarde van de constructie per hoofd in Centraal-Azië was in Centraal-Azië8,2% groter dan in Zuidoost-Azië (US$266,9) en 2,3 keer groter dan in Zuid-Azië (US$125,7); maar 2,8 keer minder dan in Zuidwest-Azië (US$805,6) en 2,3 keer minder dan in Oost-Azië (US$677,5). De groei van de constructie in Centraal-Azië was groter dan in Zuidoost-Azië (6,7%), in Oost-Azië (5,9%), in Zuidwest-Azië (4,6%) en in Zuid-Azië (4,1%).

Leiders. De sector van de constructie in Centraal-Azië in de jaren 2010 bestond uit: Kazachstan (56,9%), Turkmenistan (19,2%), Oezbekistan (17,0%), Tadzjikistan (4,2%), Kirgizië (2,7%). Het aandeel van de constructie in economie van de leiders: Tadzjikistan (12,0%), Turkmenistan (10,4%), Kirgizië (8,5%), Kazachstan (6,5%) en Oezbekistan (5,7%). De waarde van de constructie per hoofd in Centraal-Azië onder de leiders: Turkmenistan ($683,0), Kazachstan ($640,9), Oezbekistan ($108,6), Tadzjikistan ($97,1) en Kirgizië ($91,0). De groei van de constructie onder de leiders: Oezbekistan (12,8%), Kirgizië (9,7%), Turkmenistan (8,1%), Kazachstan (4,8%) en Tadzjikistan (1,8%).

Hoofdstuk VII. Vervoer

Transport, opslag en communicatie (ISIC I)

De sector van het transport in Centraal-Azië steeg van US$3,6 miljard per jaar in de jaren 1990 tot US$28,3 miljard per jaar in de jaren 2010, dat wil zeggen met US$24,7 miljard of 7,8 keer. De verandering vond plaats op US$17,0 miljard als gevolg van een 2,5-voudige stijging van de prijzen, en ook op US$6,6 miljard als gevolg van een 2,4-voudige toename van de productiviteit , evenals op US$1,0 miljard als gevolg van de toename van de bevolking. De gemiddelde jaarlijkse groei van het transport is 3,1%. De minimumwaarde van het transport bedroeg US$2,9 miljard in 1992. De maximumwaarde van het transport bedroeg US$35,0 miljard in 2013.

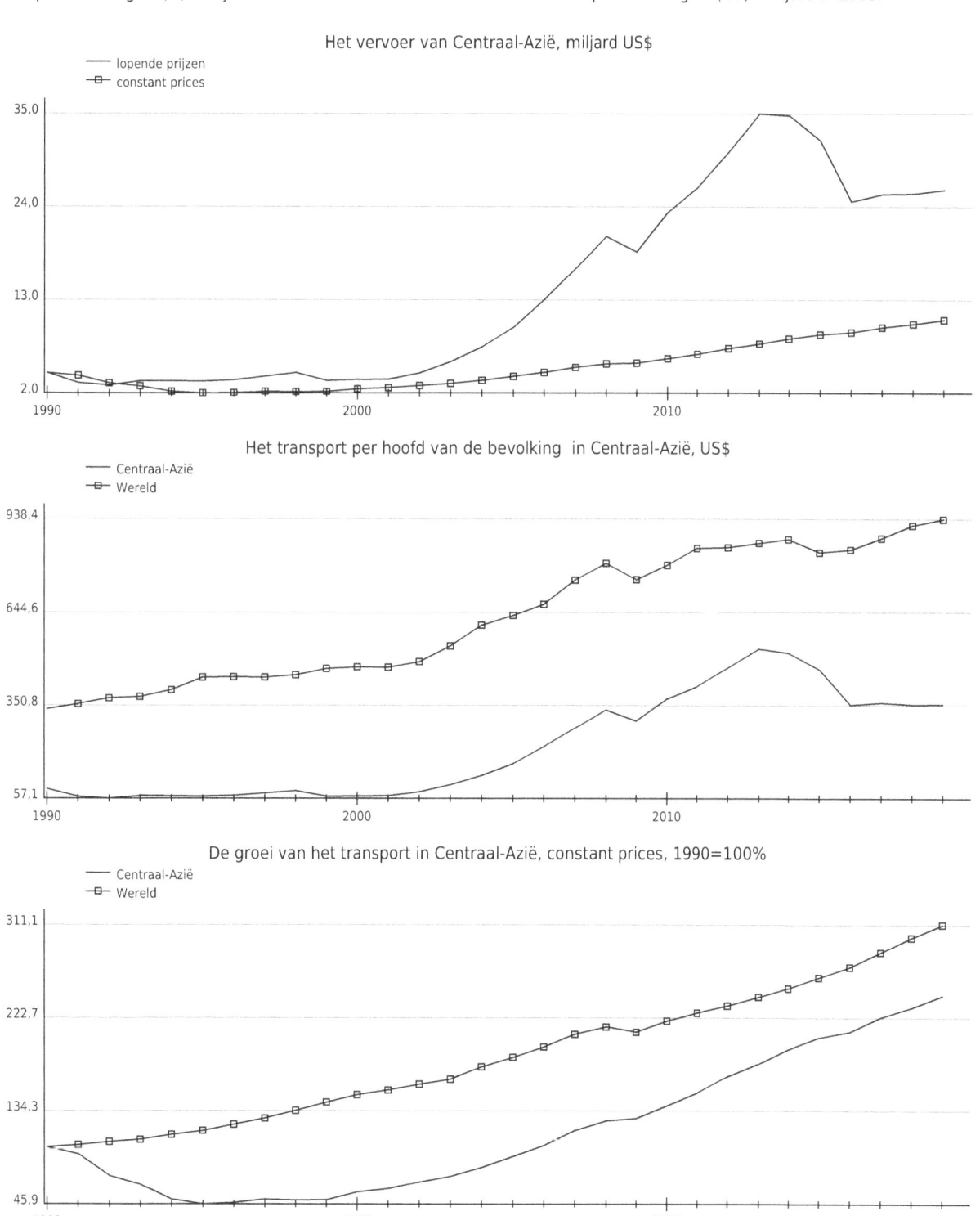

Het vervoer van Centraal-Azië, miljard US$

Het transport per hoofd van de bevolking in Centraal-Azië, US$

De groei van het transport in Centraal-Azië, constant prices, 1990=100%

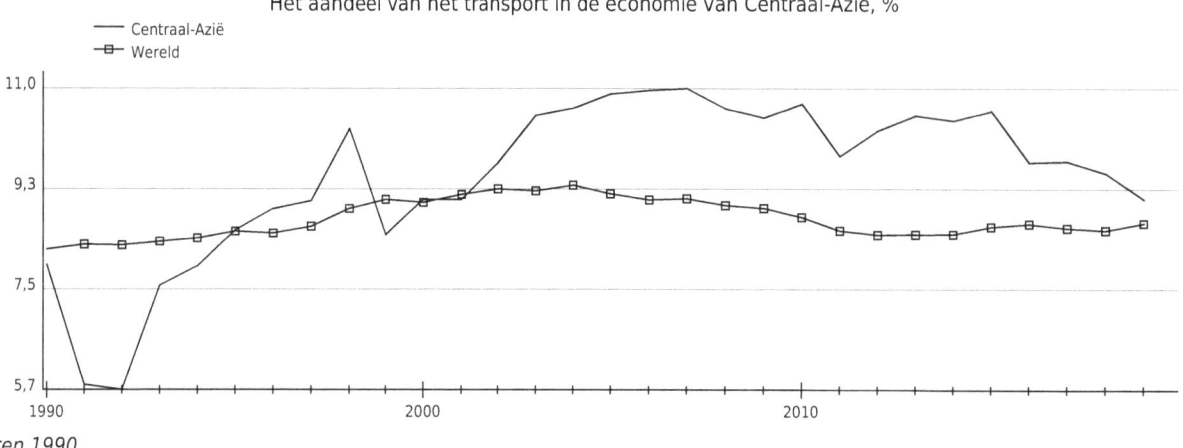

Het aandeel van het transport in de economie van Centraal-Azië, %

de jaren 1990

De sector van het transport in Centraal-Azië bedroeg in de jaren 1990 US$3,6 miljard per jaar, en was vergelijkbaar met Centraal-Afrika (US$3,6 miljard), Hongarije (US$3,6 miljard), Peru (US$3,7 miljard). Het aandeel in de wereld was 0,16%, en 0,59% in Azië.

Het aandeel van het transport in de economie van Centraal-Azië was 7,9% in de jaren 1990, en was vergelijkbaar met Honduras (7,9%), Centraal-Afrika (7,9%), Tuvalu (7,9%).

Het transport per hoofd in Centraal-Azië was $68,7 in de jaren 1990s, en was vergelijkbaar met Sri Lanka (US$67,7). De waarde van het transport per hoofd in Centraal-Azië was in 6,0 keer lager dan het transport per hoofd van de bevolking in de wereld ($409,5), en was in 2,6 keer lager dan het transport per hoofd van de bevolking in Azië ($409,5).

De groei van het transport in Centraal-Azië bedroeg -7.4% in de jaren 1990. De groei van het transport in Centraal-Azië (-7,4%) was minder dan de groei van het transport in de wereld (4,0%), was minder dan de groei van het transport in Azië (5,4%).

Vergelijking met subregio's. De waarde van het transport in Centraal-Azië was minder dan in Oost-Azië (US$477,5 miljard), in Zuidwest-Azië (US$50,3 miljard), in Zuidoost-Azië (US$42,2 miljard) en in Zuid-Azië (US$40,3 miljard). De waarde van het transport per hoofd in Centraal-Azië was in Centraal-Azië groter dan in Zuid-Azië (US$30,8); maar minder dan in Oost-Azië (US$327,9), in Zuidwest-Azië (US$305,9) en in Zuidoost-Azië (US$87,8). De groei van het transport in Centraal-Azië was minder dan in Zuidoost-Azië (6,8%), in Zuid-Azië (6,8%), in Zuidwest-Azië (5,5%) en in Oost-Azië (4,9%).

Leiders. Het transport van Centraal-Azië in de jaren 1990 bestond uit: Kazachstan (66,0%), Oezbekistan (24,1%), Turkmenistan (5,6%), Kirgizië (2,4%), Tadzjikistan (1,9%). Het aandeel van het transport in economie van de leiders: Kazachstan (10,0%), Turkmenistan (7,5%), Oezbekistan (5,5%), Kirgizië (4,8%) en Tadzjikistan (4,1%). Het vervoer per hoofd in Centraal-Azië onder de leiders: Kazachstan ($151,2), Turkmenistan ($49,5), Oezbekistan ($38,8), Kirgizië ($18,6) en Tadzjikistan ($12,0). De groei van het transport onder de leiders: Oezbekistan (-0,65%), Kazachstan (-8,7%), Turkmenistan (-9,4%), Tadzjikistan (-10,8%) en Kirgizië (-11,3%).

de jaren 2000

De sector van het transport in Centraal-Azië bedroeg in de jaren 2000 US$10,3 miljard per jaar, en was vergelijkbaar met Chili (US$10,5 miljard), Venezuela (US$10,6 miljard). Het aandeel in de wereld was 0,26%, en 0,99% in Azië.

Het aandeel van het transport in de economie van Centraal-Azië was 10,6% in de jaren 2000, en was vergelijkbaar met Kiribati (10,6%), Noord-Europa (10,6%), Moldavië (10,6%).

De waarde van het transport per hoofd in Centraal-Azië was $177,6 in de jaren 2000s, en was vergelijkbaar met Namibië (US$180,2), Azerbeidzjan (US$180,4), Paraguay (US$181,3). De waarde van het transport per hoofd in Centraal-Azië was in 3,5 keer lager dan het transport per hoofd van de bevolking in de wereld ($621,1), en was 32,9% lager dan het transport per hoofd van de bevolking in Azië ($621,1).

De groei van het transport in Centraal-Azië bedroeg 9.8% in de jaren 2000. De groei van het transport in Centraal-Azië (9,8%) was groter dan de groei van het transport in de wereld (3,9%), was groter dan de groei van het transport in Azië (5,4%).

Vergelijking met subregio's. De waarde van het transport in Centraal-Azië was minder dan in Oost-Azië (US$726,0 miljard), in Zuidwest-Azië (US$128,9 miljard), in Zuid-Azië (US$101,5 miljard) en in Zuidoost-Azië (US$79,9 miljard). De toegevoegde waarde van het transport per hoofd in Centraal-Azië was in Centraal-Azië groter dan in Zuidoost-Azië (US$143,4) en in Zuid-Azië (US$64,5); maar minder dan in Zuidwest-Azië (US$631,6) en in Oost-Azië (US$465,6). De groei van het transport in Centraal-Azië was groter dan in Zuid-Azië (8,5%), in Zuidoost-Azië (7,9%), in Zuidwest-Azië (6,7%) en in Oost-Azië (4,3%).

Leiders. De sector van het transport in Centraal-Azië in de jaren 2000 bestond uit: Kazachstan (69,5%), Oezbekistan (18,1%), Turkmenistan (8,4%), Tadzjikistan (2,1%), Kirgizië (1,9%). Het aandeel van het transport in economie van de leiders: Kazachstan (11,8%), Oezbekistan (10,1%), Tadzjikistan (9,4%), Kirgizië (7,9%) en Turkmenistan (6,6%). De waarde van het transport per hoofd in Centraal-Azië onder de leiders: Kazachstan ($467,9), Turkmenistan ($182,5), Oezbekistan ($71,2), Kirgizië ($39,0) en Tadzjikistan ($32,3). De groei van het transport onder de leiders: Tadzjikistan (17,7%), Kirgizië (12,4%), Kazachstan (10,3%), Oezbekistan (9,4%) en Turkmenistan (3,9%).

de jaren 2010

De toegevoegde waarde van het transport in Centraal-Azië bedroeg in de jaren 2010 US$28,3 miljard per jaar, en was vergelijkbaar met Hongkong (US$28,2 miljard), Maleisië (US$27,7 miljard), Pakistan (US$27,7 miljard). Het aandeel in de wereld was 0,45%, en 1,5% in Azië.

Het aandeel van het transport in de economie van Centraal-Azië was 10,1% in de jaren 2010, en was vergelijkbaar met Kenia (10,1%), Soedan (10,1%), Belize (10,0%).

Het transport per hoofd in Centraal-Azië was $416,7 in de jaren 2010s, en was vergelijkbaar met Belize (US$416,3), Bosnië en Herzegovina (US$419,9), Botswana (US$420,9). Het transport per hoofd in Centraal-Azië was in 2,1 keer lager dan het transport per hoofd van de bevolking in de wereld ($864,8), en was 3,1% lager dan het transport per hoofd van de bevolking in Azië ($864,8).

De groei van het transport in Centraal-Azië bedroeg 6.7% in de jaren 2010, en was vergelijkbaar met Malta (6,7%), Micronesië (6,7%). De groei van het transport in Centraal-Azië (6,7%) was groter dan de groei van het transport in de wereld (4,0%), was groter dan de groei van het transport in Azië (4,7%).

Vergelijking met subregio's. De sector van het transport in Centraal-Azië was 41,1 keer minder dan in Oost-Azië (US$1,2 biljoen), 9,0 keer minder dan in Zuidwest-Azië (US$255,5 miljard), 8,5 keer minder dan in Zuid-Azië (US$241,8 miljard) en 7,3 keer minder dan in Zuidoost-Azië (US$206,3 miljard). De toegevoegde waarde van het transport per hoofd in Centraal-Azië was in Centraal-Azië27,3% groter dan in Zuidoost-Azië (US$327,5) en 3,1 keer groter dan in Zuid-Azië (US$133,1); maar 2,4 keer minder dan in Zuidwest-Azië (US$1.004,2) en 41,3% minder dan in Oost-Azië (US$710,0). De groei van het transport in Centraal-Azië was groter dan in Zuid-Azië (5,5%), in Zuidwest-Azië (4,8%) en in Oost-Azië (4,1%); maar minder dan in Zuidoost-Azië (6,9%).

Leiders. De sector van het transport in Centraal-Azië in de jaren 2010 bestond uit: Kazachstan (67,4%), Oezbekistan (20,6%), Turkmenistan (6,7%), Tadzjikistan (3,4%), Kirgizië (1,9%). Het aandeel van het transport in economie van de leiders: Tadzjikistan (14,2%), Kazachstan (11,0%), Oezbekistan (10,0%), Kirgizië (8,6%) en Turkmenistan (5,2%). De toegevoegde waarde van het transport per hoofd in Centraal-Azië onder de leiders: Kazachstan ($1.095,4), Turkmenistan ($344,6), Oezbekistan ($189,6), Tadzjikistan ($114,8) en Kirgizië ($92,2). De groei van het transport onder de leiders: Turkmenistan (9,6%), Oezbekistan (7,6%), Kazachstan (6,5%), Kirgizië (3,6%) en Tadzjikistan (-0,35%).

Hoofdstuk VIII. Handel

Groothandel, detailhandel, restaurants en hotels (ISIC G-H)

De handel van Centraal-Azië steeg van US$4,7 miljard per jaar in de jaren 1990 tot US$39,4 miljard per jaar in de jaren 2010, dat wil zeggen met US$34,7 miljard of 8,3 keer. De verandering vond plaats op US$21,8 miljard als gevolg van een 2,2-voudige stijging van de prijzen, en ook op US$11,4 miljard als gevolg van een 2,9-voudige toename van de productiviteit , evenals op US$1,4 miljard als gevolg van de toename van de bevolking. De gemiddelde jaarlijkse groei van de handel is 4,4%. De minimumwaarde van de handel bedroeg US$3,7 miljard in 1991. De maximumwaarde van de handel bedroeg US$47,6 miljard in 2014.

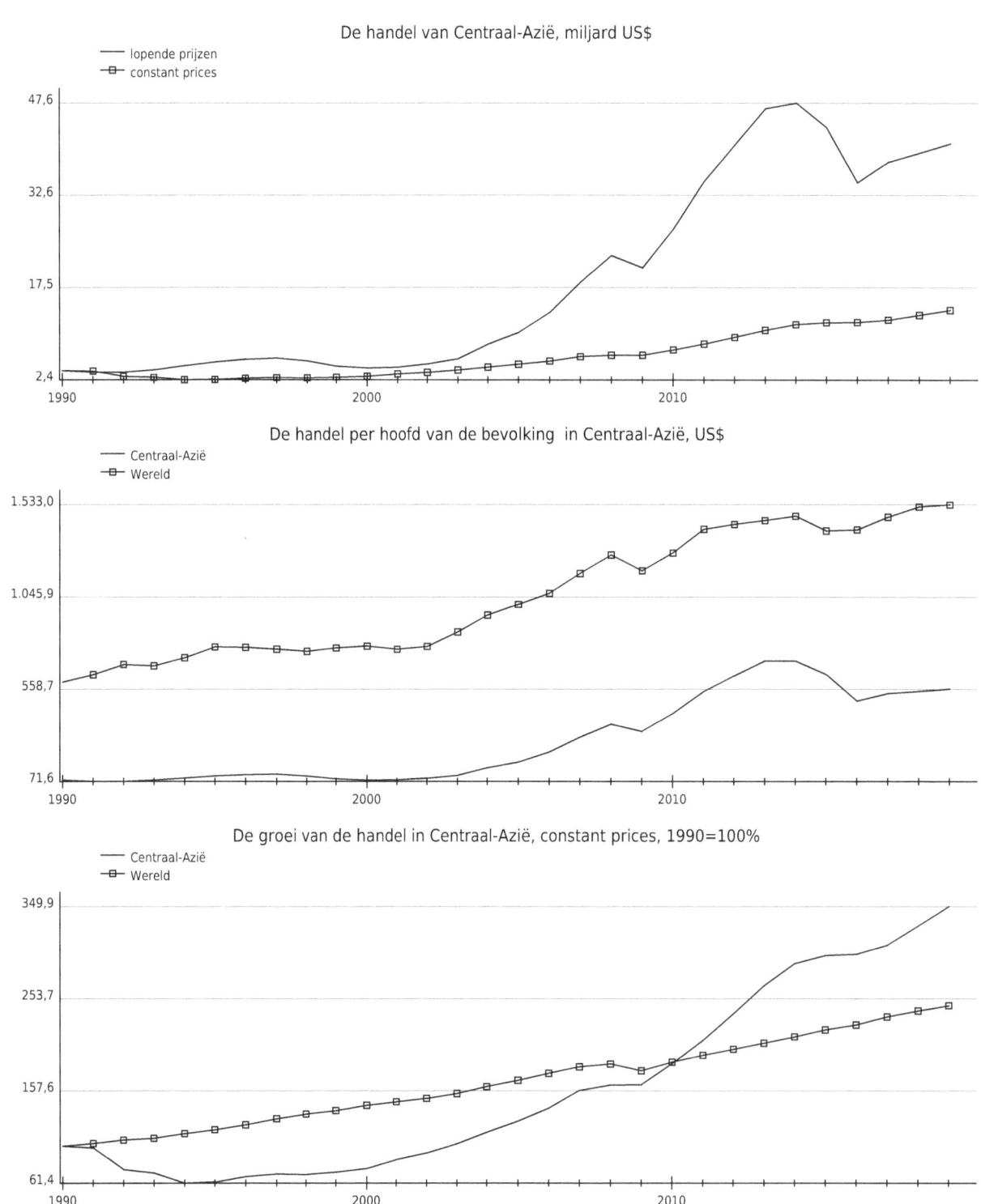

De handel van Centraal-Azië, miljard US$

De handel per hoofd van de bevolking in Centraal-Azië, US$

De groei van de handel in Centraal-Azië, constant prices, 1990=100%

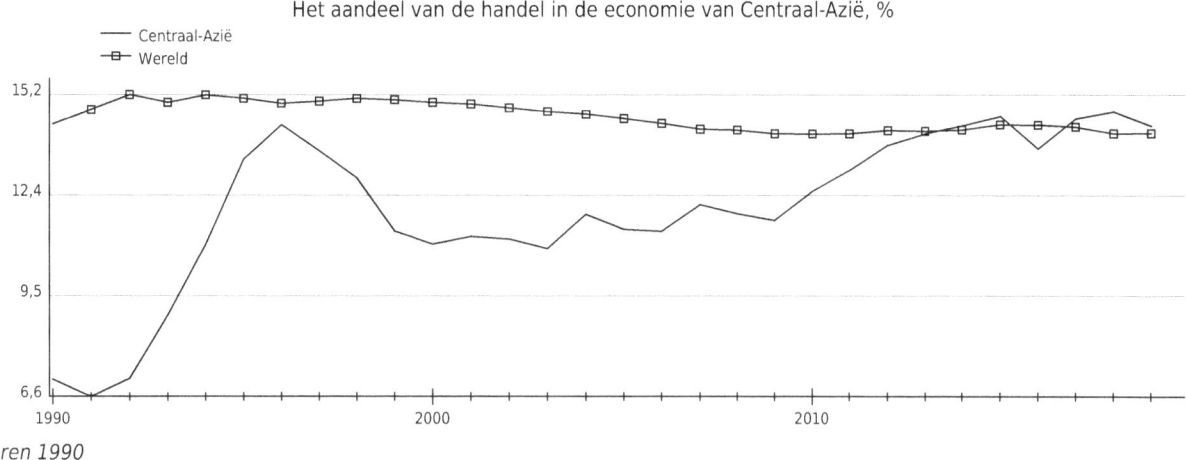

Het aandeel van de handel in de economie van Centraal-Azië, %

— Centraal-Azië
–□– Wereld

de jaren 1990

De handel van Centraal-Azië bedroeg in de jaren 1990 US$4,7 miljard per jaar. Het aandeel in de wereld was 0,12%, en 0,41% in Azië.

Het aandeel van de handel in de economie van Centraal-Azië was 10,3% in de jaren 1990, en was vergelijkbaar met Guyana (10,3%).

De sector van de handel per hoofd in Centraal-Azië was $89,9 in de jaren 1990s, en was vergelijkbaar met West-Afrika (US$91,1), Oekraïne (US$88,4). De waarde van de handel per hoofd in Centraal-Azië was in 8,0 keer lager dan de handel per hoofd van de bevolking in de wereld ($721,8), en was in 3,7 keer lager dan de handel per hoofd van de bevolking in Azië ($721,8).

De groei van de handel in Centraal-Azië bedroeg -3.5% in de jaren 1990, en was vergelijkbaar met Afghanistan (-3,5%). De groei van de handel in Centraal-Azië (-3,5%) was minder dan de groei van de handel in de wereld (3,5%), was minder dan de groei van de handel in Azië (4,9%).

Vergelijking met subregio's. De sector van de handel in Centraal-Azië was minder dan in Oost-Azië (US$907,4 miljard), in Zuidoost-Azië (US$105,8 miljard), in Zuidwest-Azië (US$81,4 miljard) en in Zuid-Azië (US$68,4 miljard). De sector van de handel per hoofd in Centraal-Azië was in Centraal-Azië groter dan in Zuid-Azië (US$52,2); maar minder dan in Oost-Azië (US$623,2), in Zuidwest-Azië (US$494,6) en in Zuidoost-Azië (US$219,8). De groei van de handel in Centraal-Azië was minder dan in Zuid-Azië (5,5%), in Zuidoost-Azië (5,1%), in Oost-Azië (4,8%) en in Zuidwest-Azië (4,7%).

Leiders. De toegevoegde waarde van de handel in Centraal-Azië in de jaren 1990 bestond uit: Kazachstan (62,6%), Oezbekistan (28,8%), Kirgizië (3,4%), Turkmenistan (2,9%), Tadzjikistan (2,3%). Het aandeel van de handel in economie van de leiders: Kazachstan (12,4%), Kirgizië (8,9%), Oezbekistan (8,7%), Tadzjikistan (6,6%) en Turkmenistan (5,0%). De toegevoegde waarde van de handel per hoofd in Centraal-Azië onder de leiders: Kazachstan ($187,5), Oezbekistan ($60,8), Kirgizië ($34,8), Turkmenistan ($33,1) en Tadzjikistan ($19,2). De groei van de handel onder de leiders: Oezbekistan (1,6%), Kazachstan (-3,0%), Kirgizië (-6,9%), Turkmenistan (-11,3%) en Tadzjikistan (-11,5%).

de jaren 2000

De waarde van de handel in Centraal-Azië bedroeg in de jaren 2000 US$11,3 miljard per jaar, en was vergelijkbaar met Peru (US$11,5 miljard), Roemenië (US$11,5 miljard), Chili (US$11,2 miljard). Het aandeel in de wereld was 0,18%, en 0,65% in Azië.

Het aandeel van de handel in de economie van Centraal-Azië was 11,6% in de jaren 2000, en was vergelijkbaar met Zweden (11,7%).

De waarde van de handel per hoofd in Centraal-Azië was $194,5 in de jaren 2000s, en was vergelijkbaar met China (US$197,5). De toegevoegde waarde van de handel per hoofd in Centraal-Azië was in 5,1 keer lager dan de handel per hoofd van de bevolking in de wereld ($990,3), en was in 2,3 keer lager dan de handel per hoofd van de bevolking in Azië ($990,3).

De groei van de handel in Centraal-Azië bedroeg 8.5% in de jaren 2000, en was vergelijkbaar met Rusland (8,4%), Mozambique (8,5%), Mali (8,6%). De groei van de handel in Centraal-Azië (8,5%) was groter dan de groei van de handel in de wereld (2,7%), was groter dan de groei van de handel in Azië (4,5%).

Vergelijking met subregio's. De waarde van de handel in Centraal-Azië was minder dan in Oost-Azië (US$1,2 biljoen), in Zuidoost-Azië (US$175,2 miljard), in Zuidwest-Azië (US$167,0 miljard) en in Zuid-Azië (US$144,6 miljard). De sector van de handel per hoofd in Centraal-Azië was in Centraal-Azië groter dan in Zuid-Azië (US$91,8); maar minder dan in Zuidwest-Azië (US$818,4), in Oost-Azië

(US$792,8) en in Zuidoost-Azië (US$314,3). De groei van de handel in Centraal-Azië was groter dan in Zuid-Azië (6,1%), in Zuidwest-Azië (5,8%), in Zuidoost-Azië (5,5%) en in Oost-Azië (3,8%).

Leiders. De handel van Centraal-Azië in de jaren 2000 bestond uit: Kazachstan (71,9%), Oezbekistan (14,9%), Turkmenistan (5,0%), Kirgizië (4,3%), Tadzjikistan (3,9%). Het aandeel van de handel in economie van de leiders: Kirgizië (19,3%), Tadzjikistan (19,2%), Kazachstan (13,3%), Oezbekistan (9,1%) en Turkmenistan (4,3%). De waarde van de handel per hoofd in Centraal-Azië onder de leiders: Kazachstan ($530,2), Turkmenistan ($119,1), Kirgizië ($94,9), Tadzjikistan ($65,8) en Oezbekistan ($64,3). De groei van de handel onder de leiders: Tadzjikistan (11,8%), Kirgizië (11,7%), Oezbekistan (9,9%), Kazachstan (8,2%) en Turkmenistan (4,7%).

de jaren 2010

De handel van Centraal-Azië bedroeg in de jaren 2010 US$39,4 miljard per jaar, en was vergelijkbaar met Colombia (US$38,6 miljard). Het aandeel in de wereld was 0,37%, en 1,1% in Azië.

Het aandeel van de handel in de economie van Centraal-Azië was 14,0% in de jaren 2010, en was vergelijkbaar met Mauritanië (14,1%), België (14,0%), Armenië (13,9%).

De toegevoegde waarde van de handel per hoofd in Centraal-Azië was $579,9 in de jaren 2010s, en was vergelijkbaar met Micronesië (US$579,5), Kaapverdië (US$581,4), Albanië (US$575,4). De waarde van de handel per hoofd in Centraal-Azië was in 2,5 keer lager dan de handel per hoofd van de bevolking in de wereld ($1.436,8), en was 29,4% lager dan de handel per hoofd van de bevolking in Azië ($1.436,8).

De groei van de handel in Centraal-Azië bedroeg 7.9% in de jaren 2010. De groei van de handel in Centraal-Azië (7,9%) was groter dan de groei van de handel in de wereld (3,3%), was groter dan de groei van de handel in Azië (5,6%).

Vergelijking met subregio's. De waarde van de handel in Centraal-Azië was 60,6 keer minder dan in Oost-Azië (US$2,4 biljoen), 11,4 keer minder dan in Zuidoost-Azië (US$451,0 miljard), 9,8 keer minder dan in Zuid-Azië (US$384,7 miljard) en 9,1 keer minder dan in Zuidwest-Azië (US$356,9 miljard). De sector van de handel per hoofd in Centraal-Azië was in Centraal-Azië2,7 keer groter dan in Zuid-Azië (US$211,8); maar 2,5 keer minder dan in Oost-Azië (US$1.455,8), 2,4 keer minder dan in Zuidwest-Azië (US$1.402,8) en 19,0% minder dan in Zuidoost-Azië (US$715,8). De groei van de handel in Centraal-Azië was groter dan in Zuid-Azië (7,0%), in Zuidoost-Azië (5,9%), in Oost-Azië (5,3%) en in Zuidwest-Azië (5,0%).

Leiders. De handel van Centraal-Azië in de jaren 2010 bestond uit: Kazachstan (78,5%), Oezbekistan (12,2%), Kirgizië (3,4%), Turkmenistan (3,2%), Tadzjikistan (2,8%). Het aandeel van de handel in economie van de leiders: Kirgizië (21,0%), Kazachstan (17,9%), Tadzjikistan (16,0%), Oezbekistan (8,3%) en Turkmenistan (3,4%). De handel per hoofd in Centraal-Azië onder de leiders: Kazachstan ($1.775,1), Turkmenistan ($225,5), Kirgizië ($225,3), Oezbekistan ($156,8) en Tadzjikistan ($129,8). De groei van de handel onder de leiders: Turkmenistan (9,6%), Oezbekistan (9,6%), Kazachstan (7,6%), Tadzjikistan (6,8%) en Kirgizië (6,4%).

Hoofdstuk IX. Diensten

(ISIC J-P)

De toegevoegde waarde van de diensten in Centraal-Azië steeg van US$11,0 miljard per jaar in de jaren 1990 tot US$73,9 miljard per jaar in de jaren 2010, dat wil zeggen met US$62,9 miljard of 6,7 keer. De verandering vond plaats op US$45,9 miljard als gevolg van een 2,6-voudige stijging van de prijzen, en ook op US$13,9 miljard als gevolg van een 2,0-voudige toename van de productiviteit , evenals op US$3,2 miljard als gevolg van de toename van de bevolking. De gemiddelde jaarlijkse groei van de diensten is 2,9%. De minimumwaarde van de diensten bedroeg US$8,2 miljard in 1995. De maximumwaarde van de diensten bedroeg US$88,1 miljard in 2013.

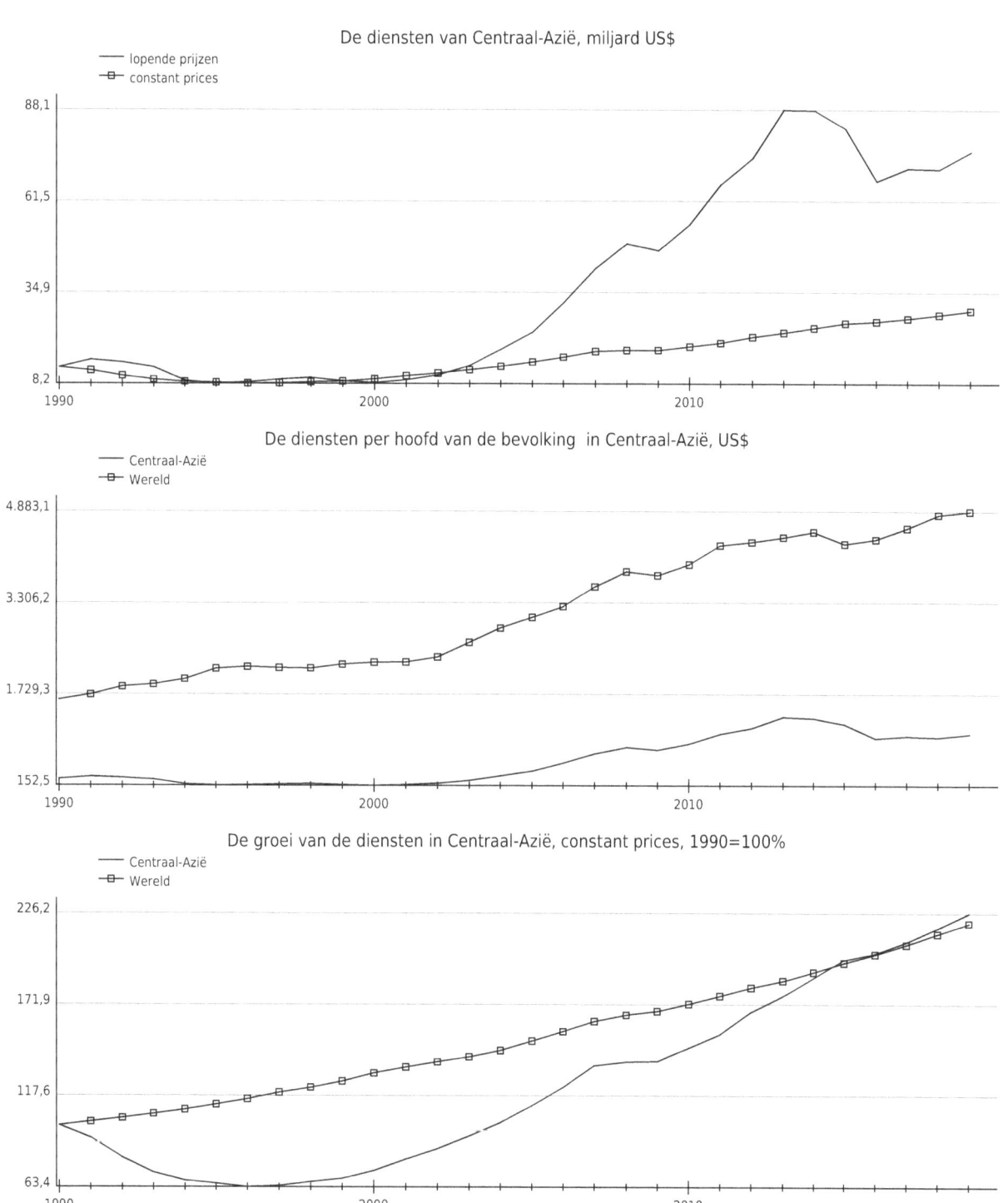

De diensten van Centraal-Azië, miljard US$

De diensten per hoofd van de bevolking in Centraal-Azië, US$

De groei van de diensten in Centraal-Azië, constant prices, 1990=100%

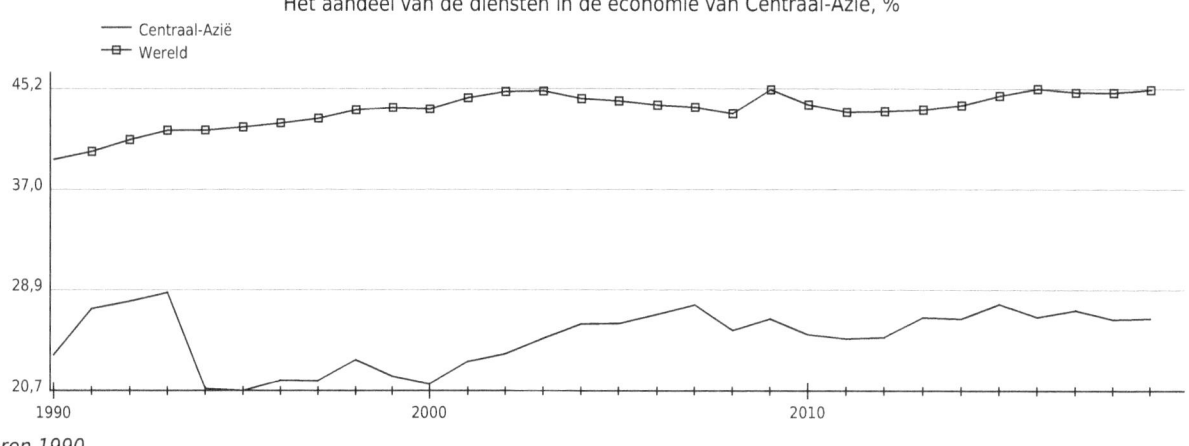

Het aandeel van de diensten in de economie van Centraal-Azië, %

de jaren 1990

De waarde van de diensten in Centraal-Azië bedroeg in de jaren 1990 US$11,0 miljard per jaar. Het aandeel in de wereld was 0,096%, en 0,43% in Azië.

Het aandeel van de diensten in de economie van Centraal-Azië was 24,0% in de jaren 1990, en was vergelijkbaar met Ivoorkust (24,0%), Laos (24,0%), Benin (24,1%).

De toegevoegde waarde van de diensten per hoofd in Centraal-Azië was $208,7 in de jaren 1990s, en was vergelijkbaar met Mauritanië (US$212,2). De toegevoegde waarde van de diensten per hoofd in Centraal-Azië was in 9,7 keer lager dan de diensten per hoofd van de bevolking in de wereld ($2.014,6), en was in 3,5 keer lager dan de diensten per hoofd van de bevolking in Azië ($2.014,6).

De groei van de diensten in Centraal-Azië bedroeg -4.1% in de jaren 1990. De groei van de diensten in Centraal-Azië (-4,1%) was minder dan de groei van de diensten in de wereld (2,7%), was minder dan de groei van de diensten in Azië (4,5%).

Vergelijking met subregio's. De toegevoegde waarde van de diensten in Centraal-Azië was minder dan in Oost-Azië (US$2,1 biljoen), in Zuidwest-Azië (US$191,4 miljard), in Zuid-Azië (US$141,2 miljard) en in Zuidoost-Azië (US$139,8 miljard). De sector van de diensten per hoofd in Centraal-Azië was in Centraal-Azië groter dan in Zuid-Azië (US$107,8); maar minder dan in Oost-Azië (US$1.411,7), in Zuidwest-Azië (US$1.163,8) en in Zuidoost-Azië (US$290,4). De groei van de diensten in Centraal-Azië was minder dan in Zuid-Azië (6,1%), in Zuidoost-Azië (5,0%), in Oost-Azië (4,3%) en in Zuidwest-Azië (3,8%).

Leiders. De sector van de diensten in Centraal-Azië in de jaren 1990 bestond uit: Kazachstan (67,5%), Oezbekistan (24,1%), Turkmenistan (3,2%), Tadzjikistan (2,6%), Kirgizië (2,5%). Het aandeel van de diensten in economie van de leiders: Kazachstan (31,0%), Tadzjikistan (17,0%), Oezbekistan (16,8%), Kirgizië (15,5%) en Turkmenistan (13,1%). De toegevoegde waarde van de diensten per hoofd in Centraal-Azië onder de leiders: Kazachstan ($469,6), Oezbekistan ($118,2), Turkmenistan ($86,6), Kirgizië ($60,1) en Tadzjikistan ($49,4). De groei van de diensten onder de leiders: Oezbekistan (-0,41%), Turkmenistan (-1,9%), Kirgizië (-2,7%), Kazachstan (-5,1%) en Tadzjikistan (-11,4%).

de jaren 2000

De waarde van de diensten in Centraal-Azië bedroeg in de jaren 2000 US$25,3 miljard per jaar, en was vergelijkbaar met Roemenië (US$25,8 miljard), Egypte (US$25,9 miljard). Het aandeel in de wereld was 0,13%, en 0,60% in Azië.

Het aandeel van de diensten in de economie van Centraal-Azië was 25,9% in de jaren 2000, en was vergelijkbaar met Thailand (25,9%), Venezuela (25,9%), Turkmenistan (25,8%).

De sector van de diensten per hoofd in Centraal-Azië was $434,4 in de jaren 2000s, en was vergelijkbaar met Zuidoost-Azië (US$436,6), Sri Lanka (US$429,8), Irak (US$441,2). De waarde van de diensten per hoofd in Centraal-Azië was in 6,9 keer lager dan de diensten per hoofd van de bevolking in de wereld ($3.011,2), en was in 2,5 keer lager dan de diensten per hoofd van de bevolking in Azië ($3.011,2).

De groei van de diensten in Centraal-Azië bedroeg 7.3% in de jaren 2000. De groei van de diensten in Centraal-Azië (7,3%) was groter dan de groei van de diensten in de wereld (2,9%), was groter dan de groei van de diensten in Azië (5,5%).

Vergelijking met subregio's. De waarde van de diensten in Centraal-Azië was minder dan in Oost-Azië (US$3,2 biljoen), in

Zuidwest-Azië (US$423,3 miljard), in Zuid-Azië (US$354,0 miljard) en in Zuidoost-Azië (US$243,4 miljard). De diensten per hoofd in Centraal-Azië waren in Centraal-Azië groter dan in Zuid-Azië (US$224,8); maar minder dan in Zuidwest-Azië (US$2,1 duizend), in Oost-Azië (US$2,0 duizend) en in Zuidoost-Azië (US$436,6). De groei van de diensten in Centraal-Azië was groter dan in Zuid-Azië (6,1%), in Oost-Azië (5,4%), in Zuidoost-Azië (5,3%) en in Zuidwest-Azië (5,0%).

Leiders. De waarde van de diensten in Centraal-Azië in de jaren 2000 bestond uit: Kazachstan (70,3%), Turkmenistan (13,4%), Oezbekistan (12,8%), Kirgizië (2,0%), Tadzjikistan (1,6%). Het aandeel van de diensten in economie van de leiders: Kazachstan (29,1%), Turkmenistan (25,8%), Kirgizië (19,8%), Oezbekistan (17,4%) en Tadzjikistan (17,4%). De toegevoegde waarde van de diensten per hoofd in Centraal-Azië onder de leiders: Kazachstan ($1.157,8), Turkmenistan ($714,9), Oezbekistan ($122,8), Kirgizië ($97,4) en Tadzjikistan ($59,4). De groei van de diensten onder de leiders: Kazachstan (8,5%), Turkmenistan (6,4%), Tadzjikistan (5,7%), Oezbekistan (4,5%) en Kirgizië (2,9%).

de jaren 2010

De diensten van Centraal-Azië bedroegen in de jaren 2010 US$73,9 miljard per jaar, en waren vergelijkbaar met Venezuela (US$74,5 miljard), Tsjechië (US$73,1 miljard). Het aandeel in de wereld was 0,23%, en 0,78% in Azië.

Het aandeel van de diensten in de economie van Centraal-Azië was 26,3% in de jaren 2010, en was vergelijkbaar met Oost-Afrika (26,3%).

De toegevoegde waarde van de diensten per hoofd in Centraal-Azië was $1.087,7 in de jaren 2010s, en was vergelijkbaar met Kaapverdië (US$1.075,2). De diensten per hoofd in Centraal-Azië waren in 4,1 keer lager dan de diensten per hoofd van de bevolking in de wereld ($4.467,8), en waren 49,1% lager dan de diensten per hoofd van de bevolking in Azië ($4.467,8).

De groei van de diensten in Centraal-Azië bedroeg 5.1% in de jaren 2010, en was vergelijkbaar met Peru (5,0%), Singapore (5,0%), Nepal (5,1%). De groei van de diensten in Centraal-Azië (5,1%) was groter dan de groei van de diensten in de wereld (2,7%), was minder dan de groei van de diensten in Azië (5,4%).

Vergelijking met subregio's. De diensten van Centraal-Azië waren 91,5 keer minder dan in Oost-Azië (US$6,8 biljoen), 13,3 keer minder dan in Zuid-Azië (US$981,2 miljard), 13,1 keer minder dan in Zuidwest-Azië (US$971,0 miljard) en 8,6 keer minder dan in Zuidoost-Azië (US$635,2 miljard). De toegevoegde waarde van de diensten per hoofd in Centraal-Azië was in Centraal-Azië7,9% groter dan in Zuidoost-Azië (US$1.008,0) en 2,0 keer groter dan in Zuid-Azië (US$540,2); maar 3,8 keer minder dan in Oost-Azië (US$4,1 duizend) en 3,5 keer minder dan in Zuidwest-Azië (US$3,8 duizend). De groei van de diensten in Centraal-Azië was groter dan in Zuidwest-Azië (4,0%); maar minder dan in Zuid-Azië (6,8%), in Zuidoost-Azië (5,5%) en in Oost-Azië (5,4%).

Leiders. De diensten van Centraal-Azië in de jaren 2010 bestonden uit: Kazachstan (69,0%), Oezbekistan (17,3%), Turkmenistan (10,1%), Kirgizië (2,2%), Tadzjikistan (1,5%). Het aandeel van de diensten in economie van de leiders: Kazachstan (29,5%), Kirgizië (26,0%), Oezbekistan (21,9%), Turkmenistan (20,5%) en Tadzjikistan (16,0%). De diensten per hoofd in Centraal-Azië onder de leiders: Kazachstan ($2.925,3), Turkmenistan ($1.348,5), Oezbekistan ($415,9), Kirgizië ($278,8) en Tadzjikistan ($129,1). De groei van de diensten onder de leiders: Turkmenistan (9,5%), Oezbekistan (8,2%), Kazachstan (3,8%), Tadzjikistan (2,9%) en Kirgizië (1,4%).

Part III. Externe betrekkingen

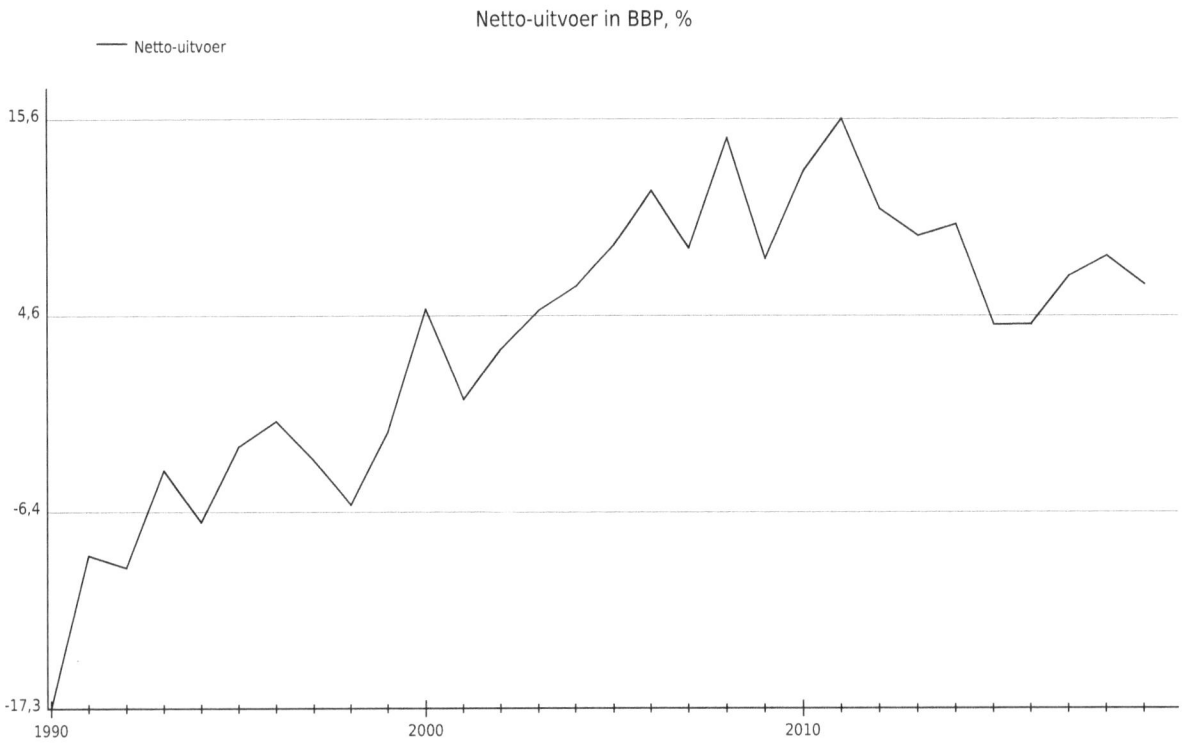

Hoofdstuk X. Uitvoer

Uitvoer van goederen en diensten

De waarde van de export in Centraal-Azië steeg van US$16,9 miljard per jaar in de jaren 1990 tot US$116,3 miljard per jaar in de jaren 2010, dat wil zeggen met US$99,4 miljard of 6,9 keer. De verandering vond plaats op US$81,6 miljard als gevolg van een 3,3-voudige stijging van de prijzen, en ook op US$13,0 miljard als gevolg van een 1,6-voudige toename van het tarief per hoofd , evenals op US$4,9 miljard als gevolg van de toename van de bevolking. De gemiddelde jaarlijkse groei van de export is 2,0%. De minimumwaarde van de export bedroeg US$12,5 miljard in 1990. De maximumwaarde van de export bedroeg US$139,7 miljard in 2013.

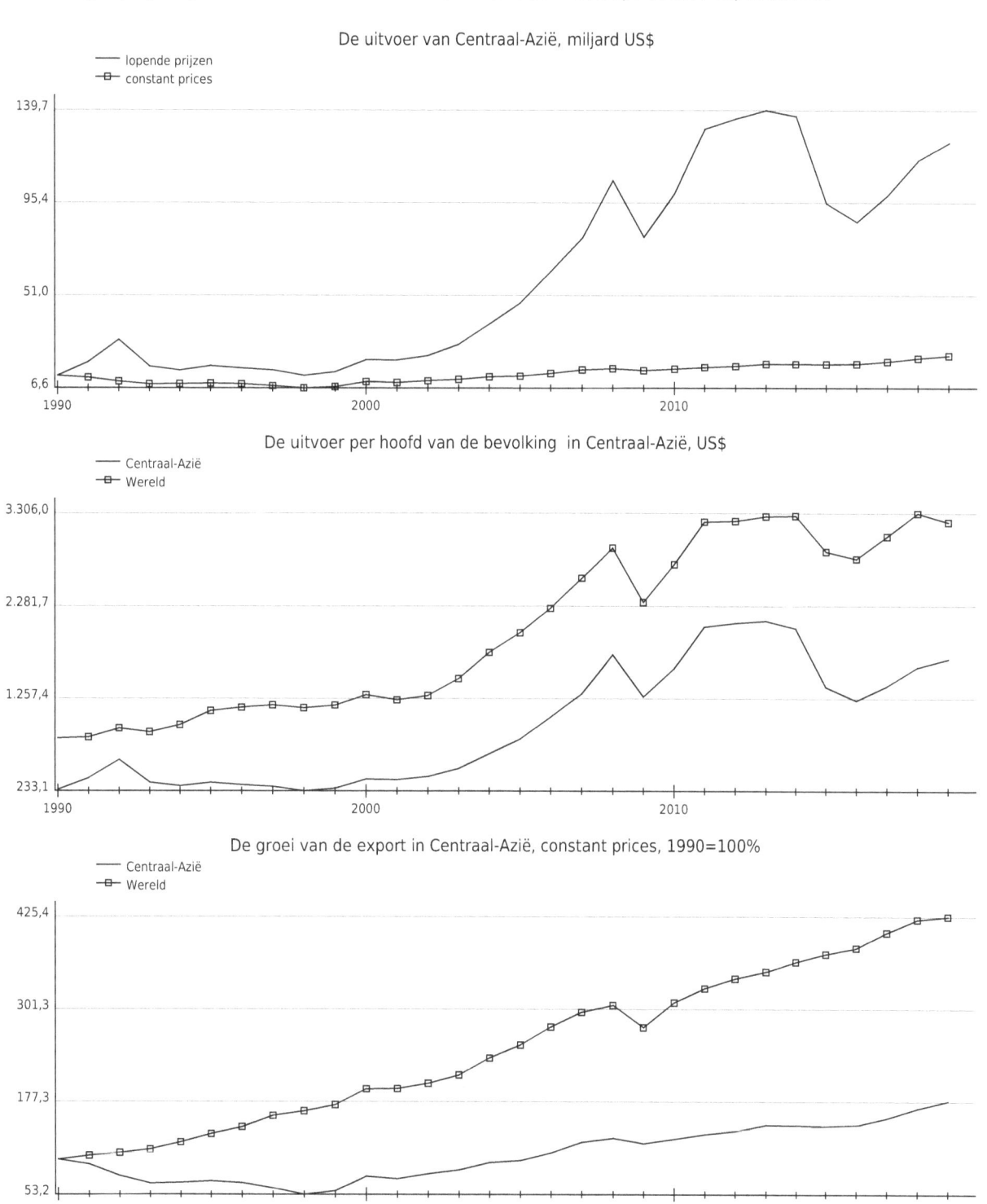

De uitvoer van Centraal-Azië, miljard US$

De uitvoer per hoofd van de bevolking in Centraal-Azië, US$

De groei van de export in Centraal-Azië, constant prices, 1990=100%

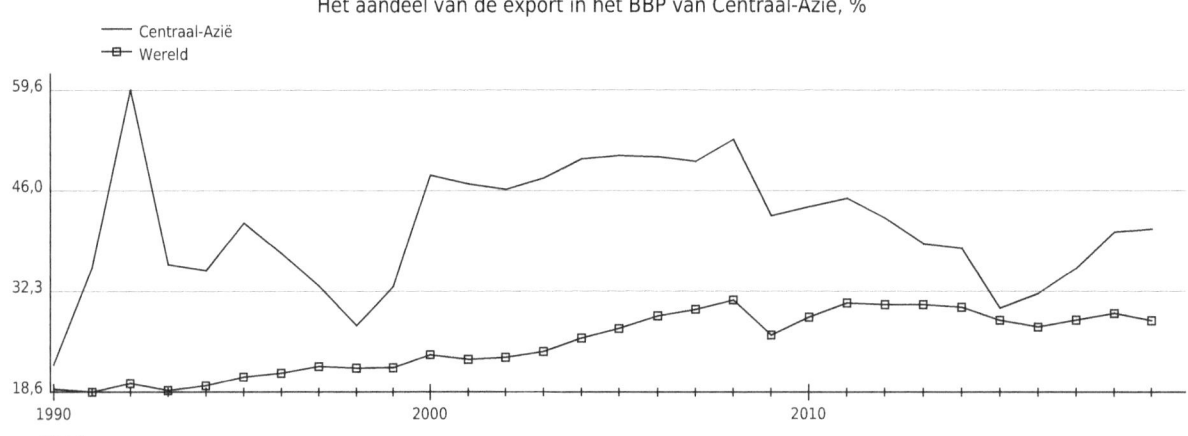

Het aandeel van de export in het BBP van Centraal-Azië, %

de jaren 1990

De waarde van de export in Centraal-Azië bedroeg in de jaren 1990 US$16,9 miljard per jaar, en was vergelijkbaar met Chili (US$17,1 miljard). Het aandeel in de wereld was 0,29%, en 1,1% in Azië.

Het aandeel van de export in het BBP van Centraal-Azië was 35,9% in de jaren 1990, en was vergelijkbaar met de Dominicaanse Republiek (36,0%).

De uitvoer per hoofd in Centraal-Azië was $320,5 in de jaren 1990s, en was vergelijkbaar met Noord-Afrika (US$321,0), Samoa (US$323,2), El Salvador (US$315,3). De uitvoer per hoofd in Centraal-Azië was in 3,2 keer lager dan de export per hoofd van de bevolking in de wereld ($1.029,5), en was 29,8% lager dan de export per hoofd van de bevolking in Azië ($1.029,5).

De groei van de export in Centraal-Azië bedroeg -5.9% in de jaren 1990, en was vergelijkbaar met Sierra Leone (-5,9%). De groei van de export in Centraal-Azië (-5,9%) was minder dan de groei van de export in de wereld (6,9%), was minder dan de groei van de export in Azië (8,1%).

Vergelijking met subregio's. De waarde van de export in Centraal-Azië was minder dan in Oost-Azië (US$952,3 miljard), in Zuidoost-Azië (US$335,4 miljard), in Zuidwest-Azië (US$202,1 miljard) en in Zuid-Azië (US$75,6 miljard). De waarde van de export per hoofd in Centraal-Azië was in Centraal-Azië groter dan in Zuid-Azië (US$57,7); maar minder dan in Zuidwest-Azië (US$1.228,5), in Zuidoost-Azië (US$696,7) en in Oost-Azië (US$654,0). De groei van de export in Centraal-Azië was minder dan in Zuidoost-Azië (9,8%), in Oost-Azië (9,1%), in Zuid-Azië (6,8%) en in Zuidwest-Azië (5,2%).

Leiders. De waarde van de export in Centraal-Azië in de jaren 1990 bestond uit: Kazachstan (50,2%), Oezbekistan (25,0%), Turkmenistan (14,5%), Tadzjikistan (6,5%), Kirgizië (3,8%). Het aandeel van de export in BBP van de leiders: Turkmenistan (88,1%), Tadzjikistan (68,5%), Kazachstan (36,5%), Kirgizië (34,1%) en Oezbekistan (24,1%). De waarde van de export per hoofd in Centraal-Azië onder de leiders: Turkmenistan ($592,7), Kazachstan ($536,4), Tadzjikistan ($193,3), Oezbekistan ($187,8) en Kirgizië ($139,3). De groei van de export onder de leiders: Oezbekistan (-3,3%), Kazachstan (-4,6%), Kirgizië (-9,3%), Turkmenistan (-10,3%) en Tadzjikistan (-10,8%).

de jaren 2000

De uitvoer van Centraal-Azië bedroeg in de jaren 2000 US$50,0 miljard per jaar, en was vergelijkbaar met Griekenland (US$50,8 miljard). Het aandeel in de wereld was 0,40%, en 1,3% in Azië.

Het aandeel van de export in het BBP van Centraal-Azië was 48,8% in de jaren 2000, en was vergelijkbaar met Botswana (48,8%), Suriname (48,8%), Melanesië (48,9%).

De uitvoer per hoofd in Centraal-Azië was $858,1 in de jaren 2000s, en was vergelijkbaar met Bosnië en Herzegovina (US$863,2), Vanuatu (US$848,6), Kaapverdië (US$871,4). De uitvoer per hoofd in Centraal-Azië was in 2,3 keer lager dan de export per hoofd van de bevolking in de wereld ($1.933,7), en was 15,2% lager dan de export per hoofd van de bevolking in Azië ($1.933,7).

De groei van de export in Centraal-Azië bedroeg 7.7% in de jaren 2000, en was vergelijkbaar met Angola (7,6%), Letland (7,6%), Malawi (7,7%). De groei van de export in Centraal-Azië (7,7%) was groter dan de groei van de export in de wereld (4,8%), was groter dan de groei van de export in Azië (7,5%).

Vergelijking met subregio's. De waarde van de export in Centraal-Azië was minder dan in Oost-Azië (US$2,3 biljoen), in Zuidoost-Azië (US$767,6 miljard), in Zuidwest-Azië (US$653,2 miljard) en in Zuid-Azië (US$259,8 miljard). De uitvoer per hoofd in Centraal-Azië was in Centraal-Azië groter dan in Zuid-Azië (US$165,0); maar minder dan in Zuidwest-Azië (US$3,2 duizend), in Oost-Azië (US$1.455,3) en in Zuidoost-Azië (US$1.376,7). De groei van de export in Centraal-Azië was groter dan in Zuidoost-Azië (6,7%) en in Zuidwest-Azië (3,9%); maar minder dan in Zuid-Azië (9,2%) en in Oost-Azië (8,9%).

Leiders. De waarde van de export in Centraal-Azië in de jaren 2000 bestond uit: Kazachstan (63,5%), Turkmenistan (19,0%), Oezbekistan (12,5%), Kirgizië (2,6%), Tadzjikistan (2,4%). Het aandeel van de export in BBP van de leiders: Turkmenistan (70,5%), Kazachstan (50,3%), Tadzjikistan (47,3%), Kirgizië (46,8%) en Oezbekistan (30,5%). De uitvoer per hoofd in Centraal-Azië onder de leiders: Kazachstan ($2.065,8), Turkmenistan ($2.001,3), Kirgizië ($253,6), Oezbekistan ($237,6) en Tadzjikistan ($180,6). De groei van de export onder de leiders: Oezbekistan (14,0%), Turkmenistan (10,4%), Tadzjikistan (7,3%), Kazachstan (6,2%) en Kirgizië (6,1%).

de jaren 2010

De waarde van de export in Centraal-Azië bedroeg in de jaren 2010 US$116,3 miljard per jaar, en was vergelijkbaar met Hongarije (US$119,1 miljard). Het aandeel in de wereld was 0,51%, en 1,3% in Azië.

Het aandeel van de export in het BBP van Centraal-Azië was 38,6% in de jaren 2010, en was vergelijkbaar met Noorwegen (38,7%), Groenland (38,8%), Namibië (38,9%).

De uitvoer per hoofd in Centraal-Azië was $1.711,9 in de jaren 2010s, en was vergelijkbaar met Swaziland (US$1.693,3), Georgië (US$1.680,0), Congo (US$1.753,6). De waarde van de export per hoofd in Centraal-Azië was 44,8% lager dan de export per hoofd van de bevolking in de wereld ($3.098,9), en was 12,8% lager dan de export per hoofd van de bevolking in Azië ($3.098,9).

De groei van de export in Centraal-Azië bedroeg 3.9% in de jaren 2010, en was vergelijkbaar met Nieuw-Caledonië (3,9%), Israël (3,9%), IJsland (3,9%). De groei van de export in Centraal-Azië (3,9%) was minder dan de groei van de export in de wereld (4,4%), was minder dan de groei van de export in Azië (5,3%).

Vergelijking met subregio's. De uitvoer van Centraal-Azië was 41,7 keer minder dan in Oost-Azië (US$4,8 biljoen), 13,8 keer minder dan in Zuidoost-Azië (US$1,6 biljoen), 12,3 keer minder dan in Zuidwest-Azië (US$1,4 biljoen) en 5,7 keer minder dan in Zuid-Azië (US$663,8 miljard). De uitvoer per hoofd in Centraal-Azië was in Centraal-Azië4,7 keer groter dan in Zuid-Azië (US$365,5); maar 3,3 keer minder dan in Zuidwest-Azië (US$5,6 duizend), 42,0% minder dan in Oost-Azië (US$3,0 duizend) en 32,9% minder dan in Zuidoost-Azië (US$2,6 duizend). De groei van de export in Centraal-Azië was minder dan in Zuidoost-Azië (5,8%), in Oost-Azië (5,6%), in Zuid-Azië (4,2%) en in Zuidwest-Azië (4,2%).

Leiders. De uitvoer van Centraal-Azië in de jaren 2010 bestond uit: Kazachstan (61,0%), Turkmenistan (23,6%), Oezbekistan (12,0%), Kirgizië (2,4%), Tadzjikistan (1,1%). Het aandeel van de export in BBP van de leiders: Turkmenistan (74,4%), Kirgizië (39,7%), Kazachstan (38,2%), Oezbekistan (21,7%) en Tadzjikistan (16,2%). De waarde van de export per hoofd in Centraal-Azië onder de leiders: Turkmenistan ($4.974,4), Kazachstan ($4.069,8), Kirgizië ($472,0), Oezbekistan ($454,7) en Tadzjikistan ($146,4). De groei van de export onder de leiders: Turkmenistan (8,3%), Oezbekistan (6,2%), Tadzjikistan (2,2%), Kazachstan (1,9%) en Kirgizië (-0,24%).

Hoofdstuk XI. Invoer

Invoer van goederen en diensten

De invoer van Centraal-Azië steeg van US$20,0 miljard per jaar in de jaren 1990 tot US$90,1 miljard per jaar in de jaren 2010, dat wil zeggen met US$70,1 miljard of 4,5 keer. De verandering vond plaats op US$59,3 miljard als gevolg van een 2,9-voudige stijging van de prijzen, en ook op US$5,0 miljard als gevolg van een 1,2-voudige toename van het tarief per hoofd , evenals op US$5,8 miljard als gevolg van de toename van de bevolking. De gemiddelde jaarlijkse groei van de invoer is -0,098%. De minimumwaarde van de invoer bedroeg US$15,2 miljard in 1999. De maximumwaarde van de invoer bedroeg US$106,9 miljard in 2013.

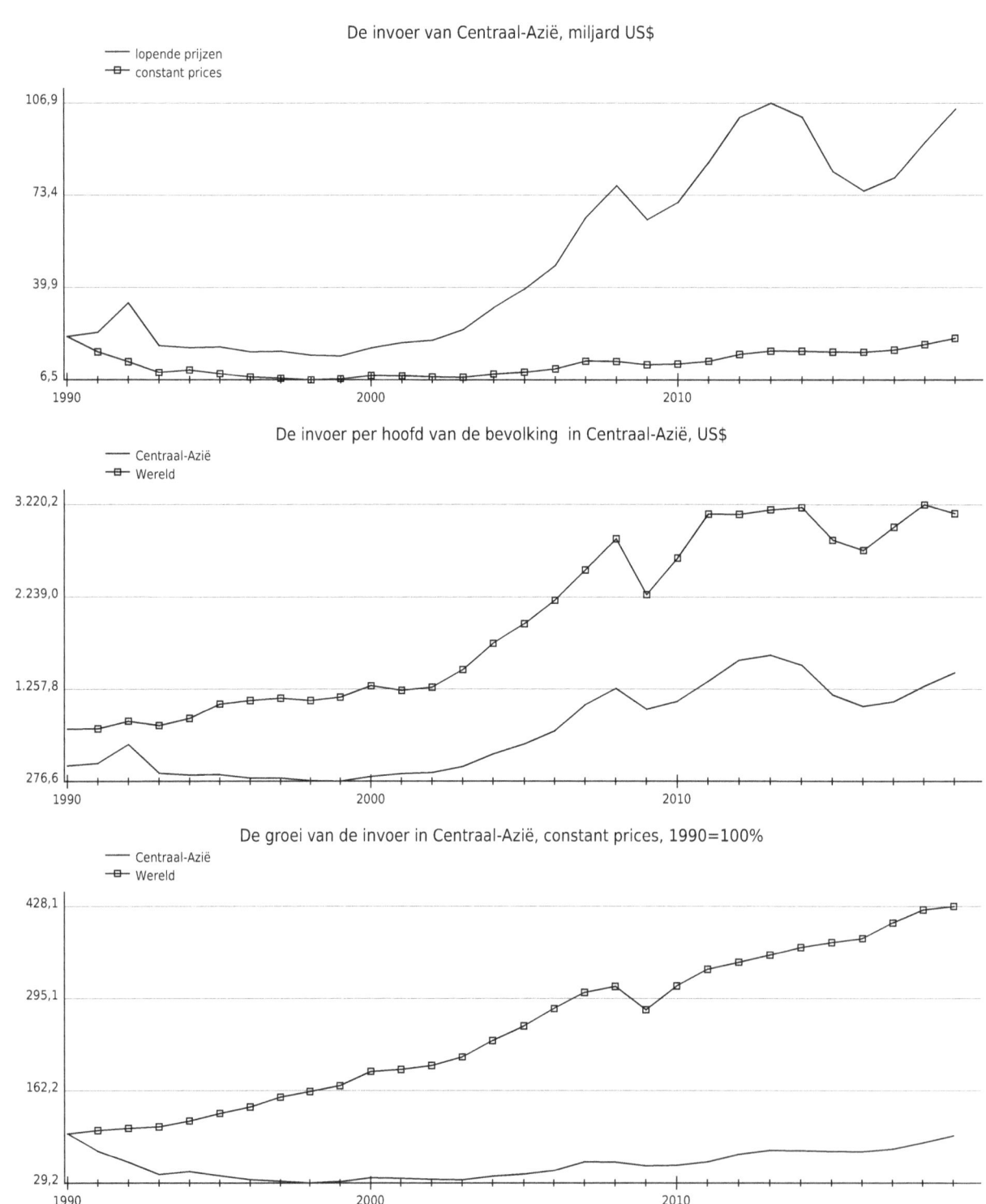

De invoer van Centraal-Azië, miljard US$

De invoer per hoofd van de bevolking in Centraal-Azië, US$

De groei van de invoer in Centraal-Azië, constant prices, 1990=100%

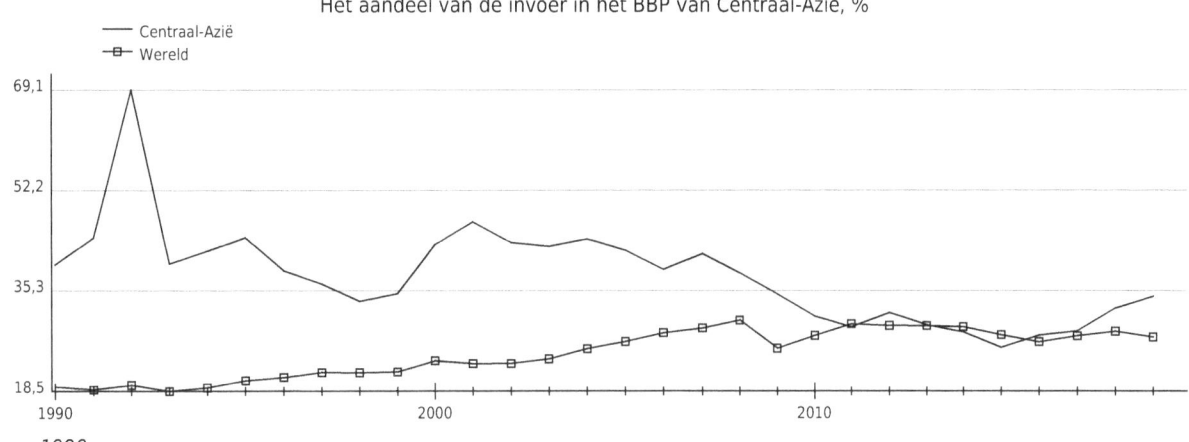

Het aandeel van de invoer in het BBP van Centraal-Azië, %

— Centraal-Azië
-☐- Wereld

de jaren 1990

De invoer van Centraal-Azië bedroeg in de jaren 1990 US$20,0 miljard per jaar, en was vergelijkbaar met Oekraïne (US$20,4 miljard). Het aandeel in de wereld was 0,35%, en 1,3% in Azië.

Het aandeel van de invoer in het BBP van Centraal-Azië was 42,5% in de jaren 1990, en was vergelijkbaar met Barbados (42,3%).

De invoer per hoofd in Centraal-Azië was $378,9 in de jaren 1990s, en was vergelijkbaar met Marokko (US$387,8). De invoer per hoofd in Centraal-Azië was in 2,7 keer lager dan de invoer per hoofd van de bevolking in de wereld ($1.015,5), en was 11,9% lager dan de invoer per hoofd van de bevolking in Azië ($1.015,5).

De groei van de invoer in Centraal-Azië bedroeg -12.2% in de jaren 1990, en was vergelijkbaar met Oekraïne (-12,1%). De groei van de invoer in Centraal-Azië (-12,2%) was minder dan de groei van de invoer in de wereld (6,6%), was minder dan de groei van de invoer in Azië (6,8%).

Vergelijking met subregio's. De invoer van Centraal-Azië was minder dan in Oost-Azië (US$861,9 miljard), in Zuidoost-Azië (US$325,6 miljard), in Zuidwest-Azië (US$197,4 miljard) en in Zuid-Azië (US$85,4 miljard). De waarde van de invoer per hoofd in Centraal-Azië was in Centraal-Azië groter dan in Zuid-Azië (US$65,2); maar minder dan in Zuidwest-Azië (US$1.199,8), in Zuidoost-Azië (US$676,3) en in Oost-Azië (US$591,9). De groei van de invoer in Centraal-Azië was minder dan in Zuidoost-Azië (8,9%), in Oost-Azië (7,2%), in Zuidwest-Azië (4,3%) en in Zuid-Azië (4,2%).

Leiders. De waarde van de invoer in Centraal-Azië in de jaren 1990 bestond uit: Kazachstan (53,1%), Oezbekistan (22,4%), Turkmenistan (13,4%), Tadzjikistan (6,8%), Kirgizië (4,4%). Het aandeel van de invoer in BBP van de leiders: Turkmenistan (96,6%), Tadzjikistan (83,6%), Kirgizië (47,0%), Kazachstan (45,6%) en Oezbekistan (25,6%). De waarde van de invoer per hoofd in Centraal-Azië onder de leiders: Kazachstan ($669,7), Turkmenistan ($650,3), Tadzjikistan ($236,2), Oezbekistan ($198,9) en Kirgizië ($191,9). De groei van de invoer onder de leiders: Turkmenistan (-5,9%), Oezbekistan (-9,5%), Tadzjikistan (-11,2%), Kirgizië (-13,8%) en Kazachstan (-14,0%).

de jaren 2000

De waarde van de invoer in Centraal-Azië bedroeg in de jaren 2000 US$41,0 miljard per jaar, en was vergelijkbaar met Centraal-Afrika (US$40,3 miljard), Oost-Afrika (US$40,2 miljard). Het aandeel in de wereld was 0,33%, en 1,2% in Azië.

Het aandeel van de invoer in het BBP van Centraal-Azië was 40,0% in de jaren 2000, en was vergelijkbaar met Centraal-Afrika (40,2%), Guatemala (39,8%), Polynesië (39,7%).

De waarde van de invoer per hoofd in Centraal-Azië was $703,4 in de jaren 2000s, en was vergelijkbaar met Cuba (US$693,0), Colombia (US$718,7). De waarde van de invoer per hoofd in Centraal-Azië was in 2,7 keer lager dan de invoer per hoofd van de bevolking in de wereld ($1.899,9), en was 21,7% lager dan de invoer per hoofd van de bevolking in Azië ($1.899,9).

De groei van de invoer in Centraal-Azië bedroeg 5.7% in de jaren 2000. De groei van de invoer in Centraal-Azië (5,7%) was groter dan de groei van de invoer in de wereld (5,1%), was minder dan de groei van de invoer in Azië (7,8%).

Vergelijking met subregio's. De invoer van Centraal-Azië was minder dan in Oost-Azië (US$2,0 biljoen), in Zuidoost-Azië (US$684,8 miljard), in Zuidwest-Azië (US$514,1 miljard) en in Zuid-Azië (US$293,2 miljard). De invoer per hoofd in Centraal-Azië was in

Centraal-Azië groter dan in Zuid-Azië (US$186,2); maar minder dan in Zuidwest-Azië (US$2,5 duizend), in Oost-Azië (US$1.294,0) en in Zuidoost-Azië (US$1.228,2). De groei van de invoer in Centraal-Azië was minder dan in Zuid-Azië (10,5%), in Oost-Azië (7,6%), in Zuidwest-Azië (7,5%) en in Zuidoost-Azië (7,1%).

Leiders. De invoer van Centraal-Azië in de jaren 2000 bestond uit: Kazachstan (62,2%), Turkmenistan (15,9%), Oezbekistan (12,4%), Tadzjikistan (4,8%), Kirgizië (4,7%). Het aandeel van de invoer in BBP van de leiders: Tadzjikistan (76,0%), Kirgizië (69,7%), Turkmenistan (48,4%), Kazachstan (40,4%) en Oezbekistan (24,8%). De invoer per hoofd in Centraal-Azië onder de leiders: Kazachstan ($1.659,2), Turkmenistan ($1.373,4), Kirgizië ($377,2), Tadzjikistan ($290,4) en Oezbekistan ($193,7). De groei van de invoer onder de leiders: Oezbekistan (14,0%), Tadzjikistan (12,7%), Kirgizië (7,5%), Kazachstan (5,1%) en Turkmenistan (0,95%).

de jaren 2010

De invoer van Centraal-Azië bedroeg in de jaren 2010 US$90,1 miljard per jaar, en was vergelijkbaar met Portugal (US$90,6 miljard). Het aandeel in de wereld was 0,41%, en 1,1% in Azië.

Het aandeel van de invoer in het BBP van Centraal-Azië was 29,9% in de jaren 2010, en was vergelijkbaar met de Dominicaanse Republiek (29,9%), Tsjaad (29,9%), Afrika (29,9%).

De waarde van de invoer per hoofd in Centraal-Azië was $1.325,8 in de jaren 2010s, en was vergelijkbaar met Moldavië (US$1.340,7), Angola (US$1.341,8), Papoea-Nieuw-Guinea (US$1.298,9). De waarde van de invoer per hoofd in Centraal-Azië was in 2,3 keer lager dan de invoer per hoofd van de bevolking in de wereld ($3.015,6), en was 26,9% lager dan de invoer per hoofd van de bevolking in Azië ($3.015,6).

De groei van de invoer in Centraal-Azië bedroeg 6.1% in de jaren 2010, en was vergelijkbaar met Costa Rica (6,0%), Oost-Azië (6,0%), Slowakije (6,0%). De groei van de invoer in Centraal-Azië (6,1%) was groter dan de groei van de invoer in de wereld (4,4%), was groter dan de groei van de invoer in Azië (5,4%).

Vergelijking met subregio's. De waarde van de invoer in Centraal-Azië was 49,9 keer minder dan in Oost-Azië (US$4,5 biljoen), 16,4 keer minder dan in Zuidoost-Azië (US$1,5 biljoen), 12,8 keer minder dan in Zuidwest-Azië (US$1,2 biljoen) en 8,6 keer minder dan in Zuid-Azië (US$778,2 miljard). De invoer per hoofd in Centraal-Azië was in Centraal-Azië3,1 keer groter dan in Zuid-Azië (US$428,5); maar 3,4 keer minder dan in Zuidwest-Azië (US$4,5 duizend), 2,1 keer minder dan in Oost-Azië (US$2,7 duizend) en 43,5% minder dan in Zuidoost-Azië (US$2,3 duizend). De groei van de invoer in Centraal-Azië was groter dan in Oost-Azië (6,0%), in Zuidwest-Azië (4,0%) en in Zuid-Azië (2,5%); maar minder dan in Zuidoost-Azië (6,2%).

Leiders. De invoer van Centraal-Azië in de jaren 2010 bestond uit: Kazachstan (55,4%), Turkmenistan (18,1%), Oezbekistan (16,0%), Kirgizië (6,1%), Tadzjikistan (4,5%). Het aandeel van de invoer in BBP van de leiders: Kirgizië (77,7%), Tadzjikistan (53,2%), Turkmenistan (44,1%), Kazachstan (26,9%) en Oezbekistan (22,3%). De waarde van de invoer per hoofd in Centraal-Azië onder de leiders: Turkmenistan ($2.951,1), Kazachstan ($2.865,4), Kirgizië ($924,3), Tadzjikistan ($482,5) en Oezbekistan ($468,2). De groei van de invoer onder de leiders: Oezbekistan (9,7%), Turkmenistan (8,1%), Kazachstan (4,9%), Kirgizië (2,6%) en Tadzjikistan (2,2%).

Part IV. Verbruik

Hoofdstuk XII. Overheidsuitgaven

Consumptie-uitgaven van de overheid

De overheidsuitgaven van Centraal-Azië steeg van US$7,1 miljard per jaar in de jaren 1990 tot US$34,1 miljard per jaar in de jaren 2010, dat wil zeggen met US$27,1 miljard of 4,8 keer. De verandering vond plaats op US$20,0 miljard als gevolg van een 2,4-voudige stijging van de prijzen, en ook op US$5,0 miljard als gevolg van een 1,6-voudige toename van het tarief per hoofd , evenals op US$2,0 miljard als gevolg van de toename van de bevolking. De gemiddelde jaarlijkse groei van de overheidsuitgaven is 1,9%. De minimumwaarde van de overheidsuitgaven bedroeg US$5,9 miljard in 2000. De maximumwaarde van de overheidsuitgaven bedroeg US$40,9 miljard in 2014.

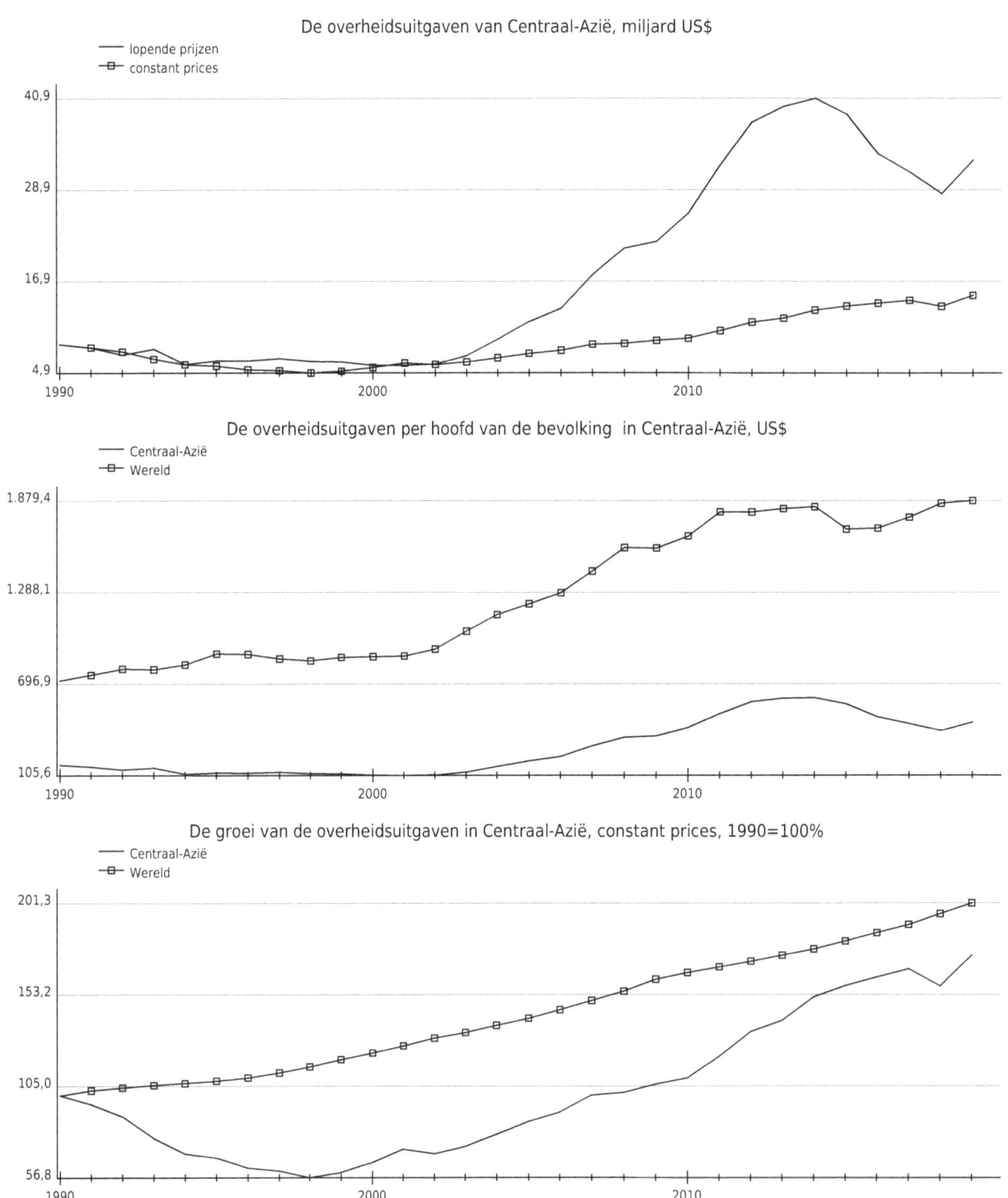

De overheidsuitgaven van Centraal-Azië, miljard US$

De overheidsuitgaven per hoofd van de bevolking in Centraal-Azië, US$

De groei van de overheidsuitgaven in Centraal-Azië, constant prices, 1990=100%

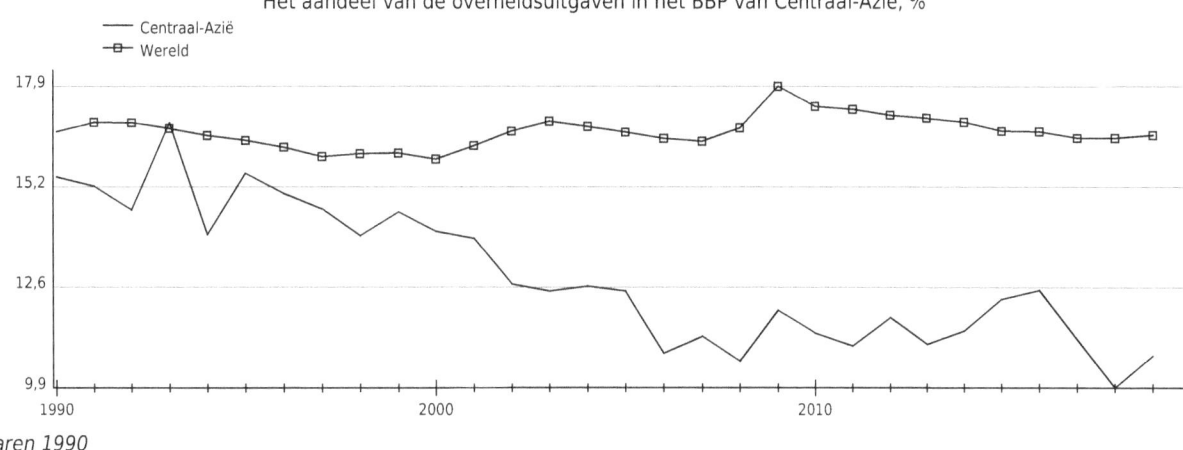

Het aandeel van de overheidsuitgaven in het BBP van Centraal-Azië, %

de jaren 1990

De overheidsuitgaven van Centraal-Azië bedroeg in de jaren 1990 US$7,1 miljard per jaar. Het aandeel in de wereld was 0,15%, en 0,64% in Azië.

Het aandeel van de overheidsuitgaven in het BBP van Centraal-Azië was 15,0% in de jaren 1990, en was vergelijkbaar met Oost-Afrika (15,0%), Burundi (15,0%), de Verenigde Staten (15,0%).

De overheidsuitgaven per hoofd in Centraal-Azië was $133,8 in de jaren 1990s, en was vergelijkbaar met Guyana (US$132,3), Syrië (US$131,5). De overheidsuitgaven per hoofd in Centraal-Azië was in 6,2 keer lager dan de overheidsuitgaven per hoofd van de bevolking in de wereld ($824,8), en was in 2,4 keer lager dan de overheidsuitgaven per hoofd van de bevolking in Azië ($824,8).

De groei van de overheidsuitgaven in Centraal-Azië bedroeg -5.6% in de jaren 1990. De groei van de overheidsuitgaven in Centraal-Azië (-5,6%) was minder dan de groei van de overheidsuitgaven in de wereld (2,0%), was minder dan de groei van de overheidsuitgaven in Azië (5,0%).

Vergelijking met subregio's. De overheidsuitgaven van Centraal-Azië was minder dan in Oost-Azië (US$856,0 miljard), in Zuidwest-Azië (US$122,0 miljard), in Zuid-Azië (US$64,0 miljard) en in Zuidoost-Azië (US$55,3 miljard). De overheidsuitgaven per hoofd in Centraal-Azië was in Centraal-Azië groter dan in Zuidoost-Azië (US$114,9) en in Zuid-Azië (US$48,9); maar minder dan in Zuidwest-Azië (US$741,4) en in Oost-Azië (US$587,9). De groei van de overheidsuitgaven in Centraal-Azië was minder dan in Oost-Azië (5,6%), in Zuid-Azië (4,5%), in Zuidoost-Azië (4,0%) en in Zuidwest-Azië (2,5%).

Leiders. De overheidsuitgaven van Centraal-Azië in de jaren 1990 bestond uit: Oezbekistan (45,4%), Kazachstan (41,1%), Kirgizië (5,4%), Turkmenistan (4,1%), Tadzjikistan (4,0%). Het aandeel van de overheidsuitgaven in BBP van de leiders: Kirgizië (20,4%), Oezbekistan (18,3%), Tadzjikistan (17,5%), Kazachstan (12,5%) en Turkmenistan (10,3%). De overheidsuitgaven per hoofd in Centraal-Azië onder de leiders: Kazachstan ($183,2), Oezbekistan ($142,4), Kirgizië ($83,1), Turkmenistan ($69,5) en Tadzjikistan ($49,4). De groei van de overheidsuitgaven onder de leiders: Turkmenistan (0,094%), Oezbekistan (-2,5%), Kazachstan (-6,6%), Kirgizië (-9,6%) en Tadzjikistan (-11,4%).

de jaren 2000

De overheidsuitgaven van Centraal-Azië bedroeg in de jaren 2000 US$12,0 miljard per jaar. Het aandeel in de wereld was 0,15%, en 0,64% in Azië.

Het aandeel van de overheidsuitgaven in het BBP van Centraal-Azië was 11,8% in de jaren 2000, en was vergelijkbaar met de Comoren (11,8%), Liberia (11,7%).

De overheidsuitgaven per hoofd in Centraal-Azië was $206,7 in de jaren 2000s. De overheidsuitgaven per hoofd in Centraal-Azië was in 5,8 keer lager dan de overheidsuitgaven per hoofd van de bevolking in de wereld ($1.200,9), en was in 2,3 keer lager dan de overheidsuitgaven per hoofd van de bevolking in Azië ($1.200,9).

De groei van de overheidsuitgaven in Centraal-Azië bedroeg 6% in de jaren 2000. De groei van de overheidsuitgaven in Centraal-Azië (6,0%) was groter dan de groei van de overheidsuitgaven in de wereld (3,1%), was groter dan de groei van de overheidsuitgaven in Azië (5,3%).

Vergelijking met subregio's. De overheidsuitgaven van Centraal-Azië was minder dan in Oost-Azië (US$1,4 biljoen), in Zuidwest-Azië (US$244,7 miljard), in Zuid-Azië (US$134,4 miljard) en in Zuidoost-Azië (US$105,1 miljard). De overheidsuitgaven per hoofd in Centraal-Azië was in Centraal-Azië groter dan in Zuidoost-Azië (US$188,5) en in Zuid-Azië (US$85,4); maar minder dan in Zuidwest-Azië (US$1.199,4) en in Oost-Azië (US$892,1). De groei van de overheidsuitgaven in Centraal-Azië was groter dan in Zuid-Azië (5,4%), in Oost-Azië (5,1%) en in Zuidwest-Azië (5,1%); maar minder dan in Zuidoost-Azië (6,5%).

Leiders. De overheidsuitgaven van Centraal-Azië in de jaren 2000 bestond uit: Kazachstan (58,0%), Oezbekistan (23,8%), Turkmenistan (11,7%), Kirgizië (4,1%), Tadzjikistan (2,4%). Het aandeel van de overheidsuitgaven in BBP van de leiders: Kirgizië (17,9%), Oezbekistan (14,0%), Tadzjikistan (11,3%), Kazachstan (11,1%) en Turkmenistan (10,5%). De overheidsuitgaven per hoofd in Centraal-Azië onder de leiders: Kazachstan ($454,3), Turkmenistan ($297,7), Oezbekistan ($108,9), Kirgizië ($96,7) en Tadzjikistan ($43,3). De groei van de overheidsuitgaven onder de leiders: Kazachstan (7,9%), Turkmenistan (5,2%), Oezbekistan (4,4%), Tadzjikistan (2,0%) en Kirgizië (1,3%).

de jaren 2010

De overheidsuitgaven van Centraal-Azië bedroeg in de jaren 2010 US$34,1 miljard per jaar, en was vergelijkbaar met Centraal-Afrika (US$34,5 miljard), Chili (US$34,5 miljard), Nieuw-Zeeland (US$34,9 miljard). Het aandeel in de wereld was 0,26%, en 0,80% in Azië.

Het aandeel van de overheidsuitgaven in het BBP van Centraal-Azië was 11,3% in de jaren 2010, en was vergelijkbaar met Zwitserland (11,2%), Liechtenstein (11,2%), Albanië (11,2%).

De overheidsuitgaven per hoofd in Centraal-Azië was $502,3 in de jaren 2010s, en was vergelijkbaar met Albanië (US$502,4), Mongolië (US$506,1), Bhutan (US$513,1). De overheidsuitgaven per hoofd in Centraal-Azië was in 3,6 keer lager dan de overheidsuitgaven per hoofd van de bevolking in de wereld ($1.785,1), en was 48,3% lager dan de overheidsuitgaven per hoofd van de bevolking in Azië ($1.785,1).

De groei van de overheidsuitgaven in Centraal-Azië bedroeg 5.1% in de jaren 2010, en was vergelijkbaar met Marokko (5,1%), Bahrein (5,1%). De groei van de overheidsuitgaven in Centraal-Azië (5,1%) was groter dan de groei van de overheidsuitgaven in de wereld (2,3%), was minder dan de groei van de overheidsuitgaven in Azië (5,2%).

Vergelijking met subregio's. De overheidsuitgaven van Centraal-Azië was 89,6 keer minder dan in Oost-Azië (US$3,1 biljoen), 16,3 keer minder dan in Zuidwest-Azië (US$556,3 miljard), 10,1 keer minder dan in Zuid-Azië (US$344,9 miljard) en 8,4 keer minder dan in Zuidoost-Azië (US$287,9 miljard). De overheidsuitgaven per hoofd in Centraal-Azië was in Centraal-Azië9,9% groter dan in Zuidoost-Azië (US$456,9) en 2,6 keer groter dan in Zuid-Azië (US$189,9); maar 4,4 keer minder dan in Zuidwest-Azië (US$2,2 duizend) en 3,7 keer minder dan in Oost-Azië (US$1.863,4). De groei van de overheidsuitgaven in Centraal-Azië was groter dan in Zuid-Azië (4,7%), in Zuidoost-Azië (4,5%) en in Zuidwest-Azië (3,7%); maar minder dan in Oost-Azië (5,6%).

Leiders. De overheidsuitgaven van Centraal-Azië in de jaren 2010 bestond uit: Kazachstan (57,0%), Oezbekistan (26,6%), Turkmenistan (9,8%), Kirgizië (3,7%), Tadzjikistan (3,0%). Het aandeel van de overheidsuitgaven in BBP van de leiders: Kirgizië (17,8%), Oezbekistan (14,1%), Tadzjikistan (13,6%), Kazachstan (10,5%) en Turkmenistan (9,0%). De overheidsuitgaven per hoofd in Centraal-Azië onder de leiders: Kazachstan ($1.116,1), Turkmenistan ($604,3), Oezbekistan ($295,2), Kirgizië ($211,9) en Tadzjikistan ($123,2). De groei van de overheidsuitgaven onder de leiders: Turkmenistan (7,4%), Oezbekistan (6,0%), Tadzjikistan (5,5%), Kazachstan (4,5%) en Kirgizië (0,76%).

Hoofdstuk XIII. Huishoudelijke uitgaven

Consumptieve bestedingen van de huishoudens

De huishoudelijke uitgaven van Centraal-Azië steeg van US$32,0 miljard per jaar in de jaren 1990 tot US$146,5 miljard per jaar in de jaren 2010, dat wil zeggen met US$114,5 miljard of 4,6 keer. De verandering vond plaats op US$75,4 miljard als gevolg van een 2,1-voudige stijging van de prijzen, en ook op US$29,9 miljard als gevolg van een 1,7-voudige toename van het tarief per hoofd , evenals op US$9,2 miljard als gevolg van de toename van de bevolking. De gemiddelde jaarlijkse groei van de huishoudelijke uitgaven is 2,4%. De minimumwaarde van de huishoudelijke uitgaven bedroeg US$26,3 miljard in 2001. De maximumwaarde van de huishoudelijke uitgaven bedroeg US$178,8 miljard in 2013.

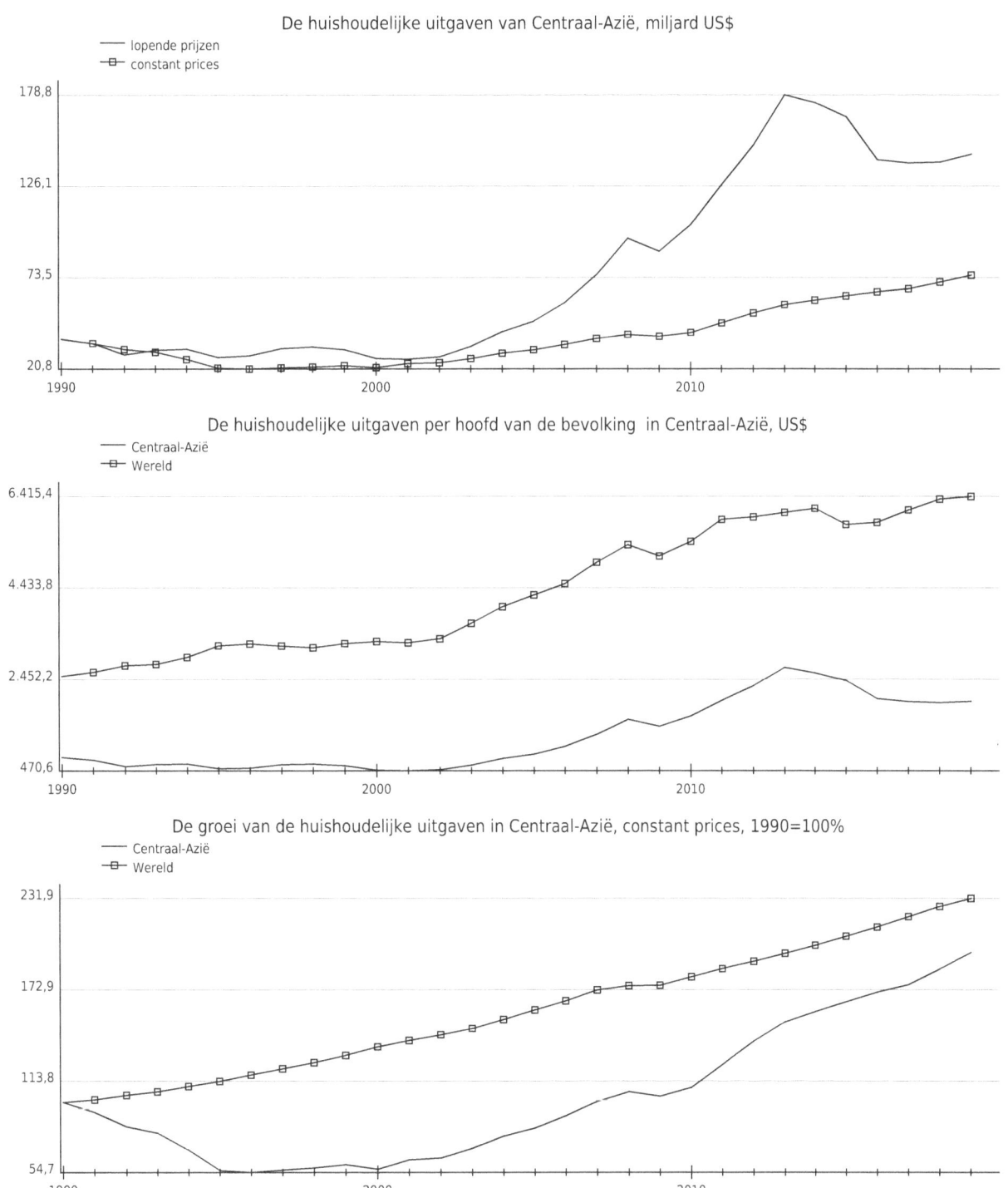

De huishoudelijke uitgaven van Centraal-Azië, miljard US$

De huishoudelijke uitgaven per hoofd van de bevolking in Centraal-Azië, US$

De groei van de huishoudelijke uitgaven in Centraal-Azië, constant prices, 1990=100%

Het aandeel van de huishoudelijke uitgaven in het BBP van Centraal-Azië, %

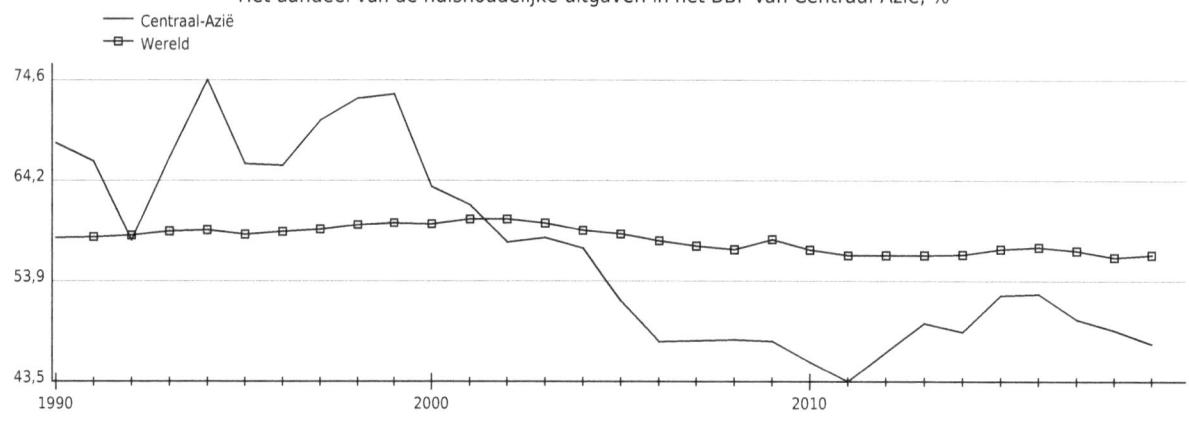

de jaren 1990

De huishoudelijke uitgaven van Centraal-Azië bedroeg in de jaren 1990 US$32,0 miljard per jaar, en was vergelijkbaar met Nieuw-Zeeland (US$32,4 miljard), Peru (US$32,8 miljard). Het aandeel in de wereld was 0,19%, en 0,76% in Azië.

Het aandeel van de huishoudelijke uitgaven in het BBP van Centraal-Azië was 68,0% in de jaren 1990, en was vergelijkbaar met Azerbeidzjan (68,2%), Jordanië (67,7%), Barbados (68,4%).

De huishoudelijke uitgaven per hoofd in Centraal-Azië was $606,4 in de jaren 1990s, en was vergelijkbaar met Zimbabwe (US$606,1), Guinee (US$596,2), Senegal (US$595,0). De huishoudelijke uitgaven per hoofd in Centraal-Azië was in 4,9 keer lager dan de huishoudelijke uitgaven per hoofd van de bevolking in de wereld ($2.963,9), en was 49,8% lager dan de huishoudelijke uitgaven per hoofd van de bevolking in Azië ($2.963,9).

De groei van de huishoudelijke uitgaven in Centraal-Azië bedroeg -5.6% in de jaren 1990. De groei van de huishoudelijke uitgaven in Centraal-Azië (-5,6%) was minder dan de groei van de huishoudelijke uitgaven in de wereld (3,0%), was minder dan de groei van de huishoudelijke uitgaven in Azië (4,4%).

Vergelijking met subregio's. De huishoudelijke uitgaven van Centraal-Azië was minder dan in Oost-Azië (US$3,1 biljoen), in Zuid-Azië (US$394,8 miljard), in Zuidwest-Azië (US$372,3 miljard) en in Zuidoost-Azië (US$314,1 miljard). De huishoudelijke uitgaven per hoofd in Centraal-Azië was in Centraal-Azië groter dan in Zuid-Azië (US$301,5); maar minder dan in Zuidwest-Azië (US$2,3 duizend), in Oost-Azië (US$2,1 duizend) en in Zuidoost-Azië (US$652,5). De groei van de huishoudelijke uitgaven in Centraal-Azië was minder dan in Zuidoost-Azië (5,8%), in Zuid-Azië (4,5%), in Zuidwest-Azië (4,3%) en in Oost-Azië (4,0%).

Leiders. De huishoudelijke uitgaven van Centraal-Azië in de jaren 1990 bestond uit: Kazachstan (50,7%), Oezbekistan (36,6%), Turkmenistan (5,0%), Kirgizië (4,3%), Tadzjikistan (3,5%). Het aandeel van de huishoudelijke uitgaven in BBP van de leiders: Kirgizië (74,3%), Kazachstan (69,6%), Tadzjikistan (68,8%), Oezbekistan (66,9%) en Turkmenistan (57,2%). De huishoudelijke uitgaven per hoofd in Centraal-Azië onder de leiders: Kazachstan ($1.023,0), Oezbekistan ($519,9), Turkmenistan ($385,2), Kirgizië ($303,4) en Tadzjikistan ($194,4). De groei van de huishoudelijke uitgaven onder de leiders: Turkmenistan (1,6%), Oezbekistan (-3,2%), Kazachstan (-7,4%), Kirgizië (-9,0%) en Tadzjikistan (-10,0%).

de jaren 2000

De huishoudelijke uitgaven van Centraal-Azië bedroeg in de jaren 2000 US$52,4 miljard per jaar, en was vergelijkbaar met Peru (US$51,7 miljard). Het aandeel in de wereld was 0,19%, en 0,80% in Azië.

Het aandeel van de huishoudelijke uitgaven in het BBP van Centraal-Azië was 51,1% in de jaren 2000, en was vergelijkbaar met België (50,8%), Bermuda (50,7%).

De huishoudelijke uitgaven per hoofd in Centraal-Azië was $898,4 in de jaren 2000s. De huishoudelijke uitgaven per hoofd in Centraal-Azië was in 4,7 keer lager dan de huishoudelijke uitgaven per hoofd van de bevolking in de wereld ($4.208,2), en was 45,5% lager dan de huishoudelijke uitgaven per hoofd van de bevolking in Azië ($4.208,2).

De groei van de huishoudelijke uitgaven in Centraal-Azië bedroeg 5.7% in de jaren 2000, en was vergelijkbaar met Georgië (5,7%). De groei van de huishoudelijke uitgaven in Centraal-Azië (5,7%) was groter dan de groei van de huishoudelijke uitgaven in de wereld (3,0%), was groter dan de groei van de huishoudelijke uitgaven in Azië (4,4%).

Vergelijking met subregio's. De huishoudelijke uitgaven van Centraal-Azië was minder dan in Oost-Azië (US$4,4 biljoen), in Zuid-Azië (US$762,2 miljard), in Zuidwest-Azië (US$738,8 miljard) en in Zuidoost-Azië (US$582,4 miljard). De huishoudelijke uitgaven per hoofd in Centraal-Azië was in Centraal-Azië groter dan in Zuid-Azië (US$484,0); maar minder dan in Zuidwest-Azië (US$3,6 duizend), in Oost-Azië (US$2,8 duizend) en in Zuidoost-Azië (US$1.044,6). De groei van de huishoudelijke uitgaven in Centraal-Azië was groter dan in Zuidwest-Azië (5,1%), in Zuid-Azië (5,0%), in Zuidoost-Azië (4,9%) en in Oost-Azië (4,0%).

Leiders. De huishoudelijke uitgaven van Centraal-Azië in de jaren 2000 bestond uit: Kazachstan (58,1%), Oezbekistan (23,3%), Turkmenistan (10,1%), Kirgizië (4,3%), Tadzjikistan (4,1%). Het aandeel van de huishoudelijke uitgaven in BBP van de leiders: Tadzjikistan (83,7%), Kirgizië (82,3%), Oezbekistan (59,5%), Kazachstan (48,3%) en Turkmenistan (39,3%). De huishoudelijke uitgaven per hoofd in Centraal-Azië onder de leiders: Kazachstan ($1.979,9), Turkmenistan ($1.114,6), Oezbekistan ($463,8), Kirgizië ($445,6) en Tadzjikistan ($319,7). De groei van de huishoudelijke uitgaven onder de leiders: Tadzjikistan (12,7%), Kazachstan (7,9%), Kirgizië (5,5%), Oezbekistan (4,6%) en Turkmenistan (-9,2%).

de jaren 2010

De huishoudelijke uitgaven van Centraal-Azië bedroeg in de jaren 2010 US$146,5 miljard per jaar, en was vergelijkbaar met Portugal (US$147,9 miljard). Het aandeel in de wereld was 0,33%, en 1,1% in Azië.

Het aandeel van de huishoudelijke uitgaven in het BBP van Centraal-Azië was 48,6% in de jaren 2010, en was vergelijkbaar met Bhutan (48,5%), Bermuda (48,3%), Tsjechië (48,2%).

De huishoudelijke uitgaven per hoofd in Centraal-Azië was $2.156,2 in de jaren 2010s, en was vergelijkbaar met Mongolië (US$2,1 duizend), Kaapverdië (US$2,2 duizend), Oekraïne (US$2,1 duizend). De huishoudelijke uitgaven per hoofd in Centraal-Azië was in 2,8 keer lager dan de huishoudelijke uitgaven per hoofd van de bevolking in de wereld ($6.018,5), en was 27,6% lager dan de huishoudelijke uitgaven per hoofd van de bevolking in Azië ($6.018,5).

De groei van de huishoudelijke uitgaven in Centraal-Azië bedroeg 6.6% in de jaren 2010. De groei van de huishoudelijke uitgaven in Centraal-Azië (6,6%) was groter dan de groei van de huishoudelijke uitgaven in de wereld (2,8%), was groter dan de groei van de huishoudelijke uitgaven in Azië (4,9%).

Vergelijking met subregio's. De huishoudelijke uitgaven van Centraal-Azië was 55,5 keer minder dan in Oost-Azië (US$8,1 biljoen), 13,3 keer minder dan in Zuid-Azië (US$1,9 biljoen), 10,1 keer minder dan in Zuidwest-Azië (US$1,5 biljoen) en 9,8 keer minder dan in Zuidoost-Azië (US$1,4 biljoen). De huishoudelijke uitgaven per hoofd in Centraal-Azië was in Centraal-Azië2,0 keer groter dan in Zuid-Azië (US$1.069,7); maar 2,7 keer minder dan in Zuidwest-Azië (US$5,8 duizend), 2,3 keer minder dan in Oost-Azië (US$5,0 duizend) en 5,1% minder dan in Zuidoost-Azië (US$2,3 duizend). De groei van de huishoudelijke uitgaven in Centraal-Azië was groter dan in Zuid-Azië (5,7%), in Zuidoost-Azië (5,2%), in Oost-Azië (4,8%) en in Zuidwest-Azië (3,9%).

Leiders. De huishoudelijke uitgaven van Centraal-Azië in de jaren 2010 bestond uit: Kazachstan (62,6%), Oezbekistan (25,9%), Tadzjikistan (4,6%), Kirgizië (4,2%), Turkmenistan (2,7%). Het aandeel van de huishoudelijke uitgaven in BBP van de leiders: Tadzjikistan (89,0%), Kirgizië (87,6%), Oezbekistan (58,9%), Kazachstan (49,4%) en Turkmenistan (10,6%). De huishoudelijke uitgaven per hoofd in Centraal-Azië onder de leiders: Kazachstan ($5.263,2), Oezbekistan ($1.236,5), Kirgizië ($1.043,0), Tadzjikistan ($807,1) en Turkmenistan ($707,8). De groei van de huishoudelijke uitgaven onder de leiders: Oezbekistan (8,1%), Kazachstan (6,1%), Tadzjikistan (5,5%), Turkmenistan (5,5%) en Kirgizië (4,5%).

Hoofdstuk XIV. Voedsel consumptie

Tijdens de onderzoeksperiode groeide de voedselconsumptie in peulvruchten (in 3,6 keer), stimulerende middelen (in 3,4 keer), fruit (in 3,1 keer), noten (in 2,7 keer), groenten (in 2,3 keer), alcoholische dranken (met 93,2%), specerijen (met 81,5%), vis (met 57,9%), zetmeelrijke wortels (met 53,0%), eieren (met 51,9%), vlees (met 28,8%), plantaardige oliën (met 25,1%), melk (met 18,4%), suiker (met 3,4%), maar daalde in granen (met 17,6%).

Dit zijn de correlatiecoëfficiënten tussen het bni per hoofd van de bevolking in constante prijzen en de voedselconsumptie: suiker (0.999), specerijen (0.998), eieren (0.996), noten (0.995), plantaardige oliën (0.995), fruit (0.993), vis (0.991), groenten (0.985), vlees (0.966), alcoholische dranken (0.966), zetmeelrijke wortels (0.917), peulvruchten (0.91), stimulerende middelen (0.897), melk (0.852), granen (-0.863).

de jaren 1990

De consumptie van kcal in Centraal-Azië was 2.598,5 kcal/hoofd/dag in the 1990s, and was on a par with Vanuatu (2.601,0 kcal/hoofd/dag), Ivoorkust (2.593,3 kcal/hoofd/dag), Oezbekistan (2.605,4 kcal/hoofd/dag). De consumptie van kcal in Centraal-Azië was minder dan in de wereld (2.652,6 kcal/hoofd/dag), en was groter dan in Azië (2.494,1 kcal/hoofd/dag). De structuur van de consumptie: granen (57.5%), plantaardige oliën (9.1%), melk (9%), vlees (7.6%), suiker (6.2%), en anderen (10.6%).

De consumptie van eiwitten in Centraal-Azië was 77,2 g/hoofd/dag in the 1990s, and was on a par with Antigua en Barbuda (77,1 g/hoofd/dag), Macau (76,6 g/hoofd/dag), Nieuw-Caledonië (77,8 g/hoofd/dag). De consumptie van eiwitten in Centraal-Azië was groter dan in de wereld (72,1 g/hoofd/dag), en was groter dan in Azië (65,3 g/hoofd/dag). De structuur van de consumptie: granen (56%), melk (16.8%), vlees (16.6%), groenten (3.1%), zetmeelrijke wortels (2.5%), en anderen (5%).

De consumptie van vet in Centraal-Azië was 67,9 g/hoofd/dag in the 1990s, and was on a par with de Dominicaanse Republiek (67,9 g/hoofd/dag), Algerije (67,3 g/hoofd/dag). De consumptie van vet in Centraal-Azië was minder dan in de wereld (69,0 g/hoofd/dag), en was groter dan in Azië (54,3 g/hoofd/dag). De structuur van de consumptie: plantaardige oliën (39.3%), vlees (23.4%), melk (18.5%), granen (8.1%), eieren (1.5%), en anderen (9.2%).

Dit zijn niveaus van voedselconsumptie: granen (190,9 kg/hoofd/jr), melk (142,5 kg/hoofd/jr), groenten (92,3 kg/hoofd/jr), zetmeelrijke wortels (44,4 kg/hoofd/jr), vlees (33,5 kg/hoofd/jr), fruit (21,8 kg/hoofd/jr), suiker (16,7 kg/hoofd/jr), plantaardige oliën (9,7 kg/hoofd/jr), alcoholische dranken (9,1 kg/hoofd/jr), eieren (3,7 kg/hoofd/jr), vis (1,4 kg/hoofd/jr), stimulerende middelen (0,72 kg/hoofd/jr), noten (0,57 kg/hoofd/jr), peulvruchten (0,22 kg/hoofd/jr), specerijen (0,081 kg/hoofd/jr).

de jaren 2000

De consumptie van kcal in Centraal-Azië was 2.589,0 kcal/hoofd/dag in the 2000s, and was on a par with West-Afrika (2.589,6 kcal/hoofd/dag), El Salvador (2.583,8 kcal/hoofd/dag), Bermuda (2.594,5 kcal/hoofd/dag). De consumptie van kcal in Centraal-Azië was minder dan in de wereld (2.765,9 kcal/hoofd/dag), en was minder dan in Azië (2.619,0 kcal/hoofd/dag). De structuur van de consumptie: granen (51.7%), melk (10.4%), plantaardige oliën (9.9%), vlees (7.3%), suiker (6.3%), en anderen (14.4%).

De consumptie van eiwitten in Centraal-Azië was 76,9 g/hoofd/dag in the 2000s, and was on a par with Antigua en Barbuda (76,7 g/hoofd/dag), Zuidelijk Afrika (76,6 g/hoofd/dag), de Wereld (76,5 g/hoofd/dag). De consumptie van eiwitten in Centraal-Azië was groter dan in de wereld (76,5 g/hoofd/dag), en was groter dan in Azië (70,9 g/hoofd/dag). De structuur van de consumptie: granen (50.2%), melk (19.1%), vlees (16.2%), groenten (4.5%), zetmeelrijke wortels (3.3%), en anderen (6.7%).

De consumptie van vet in Centraal-Azië was 72,3 g/hoofd/dag in the 2000s, and was on a par with Suriname (72,2 g/hoofd/dag), Turkmenistan (72,4 g/hoofd/dag), Sao Tomé en Principe (71,7 g/hoofd/dag). De consumptie van vet in Centraal-Azië was minder dan in de wereld (76,9 g/hoofd/dag), en was groter dan in Azië (64,4 g/hoofd/dag). De structuur van de consumptie: plantaardige oliën (40.1%), vlees (21%), melk (19.9%), granen (7.8%), eieren (1.6%), en anderen (9.6%).

Dit zijn niveaus van voedselconsumptie: granen (170,5 kg/hoofd/jr), melk (161,7 kg/hoofd/jr), groenten (138,1 kg/hoofd/jr), zetmeelrijke wortels (58,6 kg/hoofd/jr), fruit (37,5 kg/hoofd/jr), vlees (33,2 kg/hoofd/jr), suiker (16,8 kg/hoofd/jr), alcoholische dranken (13,2 kg/hoofd/jr), plantaardige oliën (10,6 kg/hoofd/jr), eieren (4,3 kg/hoofd/jr), stimulerende middelen (1,8 kg/hoofd/jr), vis (1,5 kg/hoofd/jr), noten (0,89 kg/hoofd/jr), peulvruchten (0,56 kg/hoofd/jr), specerijen (0,093 kg/hoofd/jr).

de jaren 2010

De consumptie van kcal in Centraal-Azië was 2.780,0 kcal/hoofd/dag in the 2010s, and was on a par with Gabon (2.782,3 kcal/hoofd/dag), Bulgarije (2.784,3 kcal/hoofd/dag), Ivoorkust (2.775,0 kcal/hoofd/dag). De consumptie van kcal in Centraal-Azië was minder dan in de wereld (2.869,3 kcal/hoofd/dag), en was groter dan in Azië (2.759,8 kcal/hoofd/dag). De structuur van de consumptie: granen (45.7%), plantaardige oliën (10.6%), melk (10.1%), vlees (8.7%), suiker (6%), en anderen (18.9%).

De consumptie van eiwitten in Centraal-Azië was 83,4 g/hoofd/dag in the 2010s, and was on a par with Gabon (83,9 g/hoofd/dag), Zuid-Afrika (83,9 g/hoofd/dag), Samoa (84,1 g/hoofd/dag). De consumptie van eiwitten in Centraal-Azië was groter dan in de wereld (80,6 g/hoofd/dag), en was groter dan in Azië (76,7 g/hoofd/dag). De structuur van de consumptie: granen (44%), vlees (19.5%), melk (18.4%), groenten (6.5%), zetmeelrijke wortels (3.6%), en anderen (8%).

De consumptie van vet in Centraal-Azië was 84,7 g/hoofd/dag in the 2010s, and was on a par with Zuid-Afrika (84,5 g/hoofd/dag), Moldavië (85,0 g/hoofd/dag), Centraal-Amerika (85,0 g/hoofd/dag). De consumptie van vet in Centraal-Azië was groter dan in de wereld (82,4 g/hoofd/dag), en was groter dan in Azië (72,1 g/hoofd/dag). De structuur van de consumptie: plantaardige oliën (39.4%), vlees (22.5%), melk (17.9%), granen (6.6%), stimulerende middelen (2%), en anderen (11.6%).

Dit zijn niveaus van voedselconsumptie: groenten (207,7 kg/hoofd/jr), melk (168,8 kg/hoofd/jr), granen (162,3 kg/hoofd/jr), zetmeelrijke wortels (67,9 kg/hoofd/jr), fruit (66,6 kg/hoofd/jr), vlees (43,2 kg/hoofd/jr), alcoholische dranken (17,7 kg/hoofd/jr), suiker (17,2 kg/hoofd/jr), plantaardige oliën (12,2 kg/hoofd/jr), eieren (5,6 kg/hoofd/jr), stimulerende middelen (2,4 kg/hoofd/jr), vis (2,2 kg/hoofd/jr), noten (1,5 kg/hoofd/jr), peulvruchten (0,77 kg/hoofd/jr), specerijen (0,15 kg/hoofd/jr).

Part V. Reproductie

Index van Koesjnir, (-) consumptie - (+) reproductie

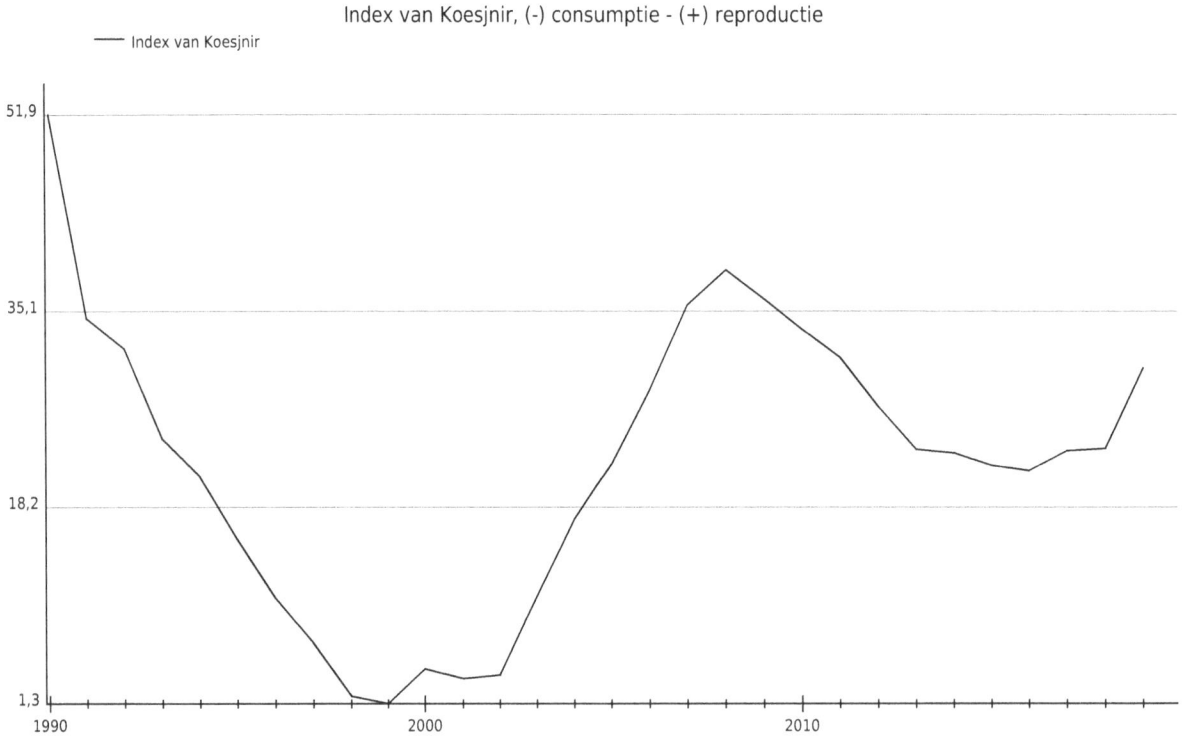

Hoofdstuk XV. Bruto-investeringen in vaste activa

De investeringen in vaste activa van Centraal-Azië steeg van US$12,1 miljard per jaar in de jaren 1990 tot US$80,3 miljard per jaar in de jaren 2010, dat wil zeggen met US$68,2 miljard of 6,7 keer. De verandering vond plaats op US$44,2 miljard als gevolg van een 2,2-voudige stijging van de prijzen, en ook op US$20,6 miljard als gevolg van een 2,3-voudige toename van het tarief per hoofd , evenals op US$3,5 miljard als gevolg van de toename van de bevolking. De gemiddelde jaarlijkse groei van de investeringen in vaste activa is 2,7%. De minimumwaarde van de investeringen in vaste activa bedroeg US$9,0 miljard in 2000. De maximumwaarde van de investeringen in vaste activa bedroeg US$94,0 miljard in 2019.

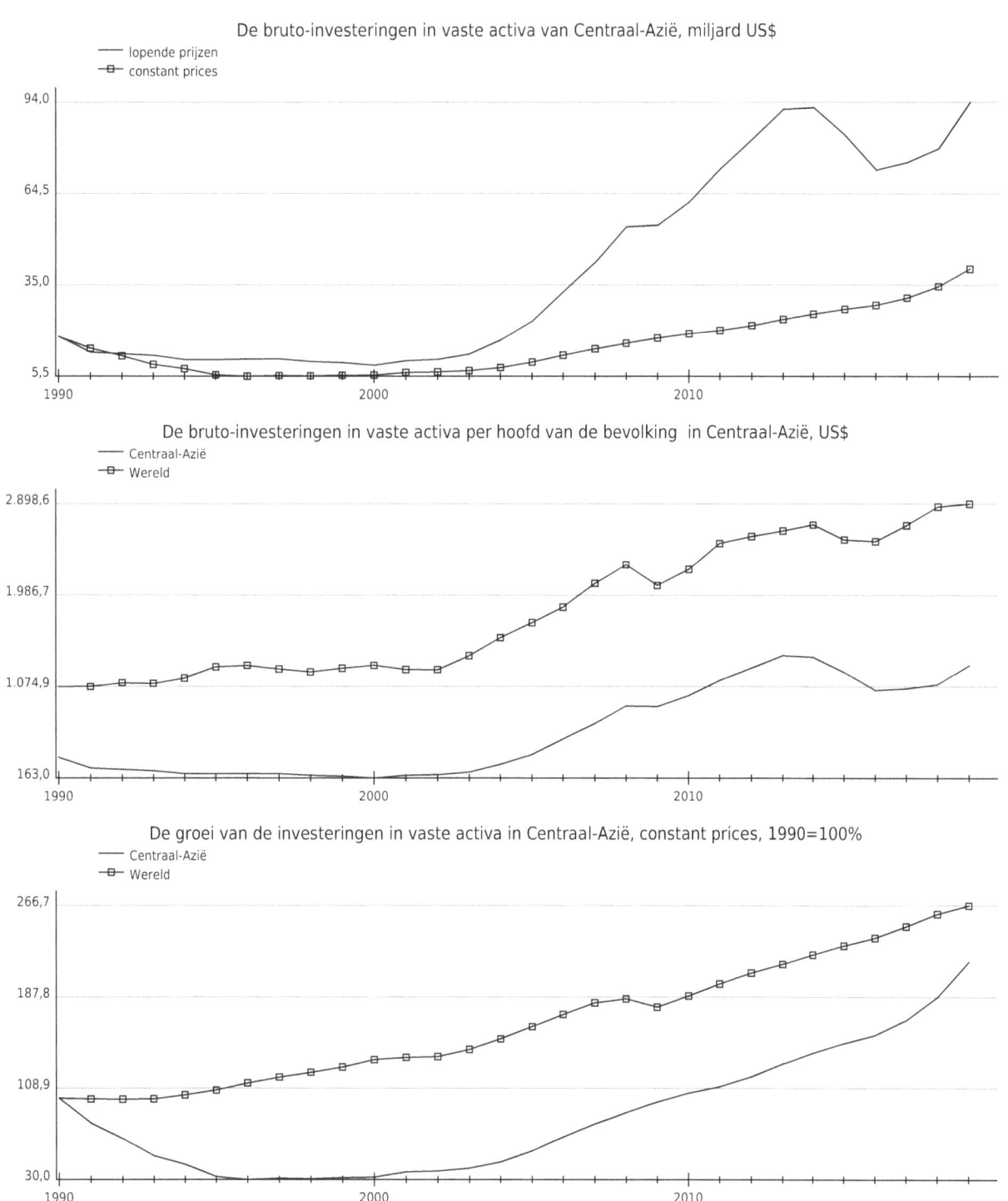

De bruto-investeringen in vaste activa van Centraal-Azië, miljard US$

De bruto-investeringen in vaste activa per hoofd van de bevolking in Centraal-Azië, US$

De groei van de investeringen in vaste activa in Centraal-Azië, constant prices, 1990=100%

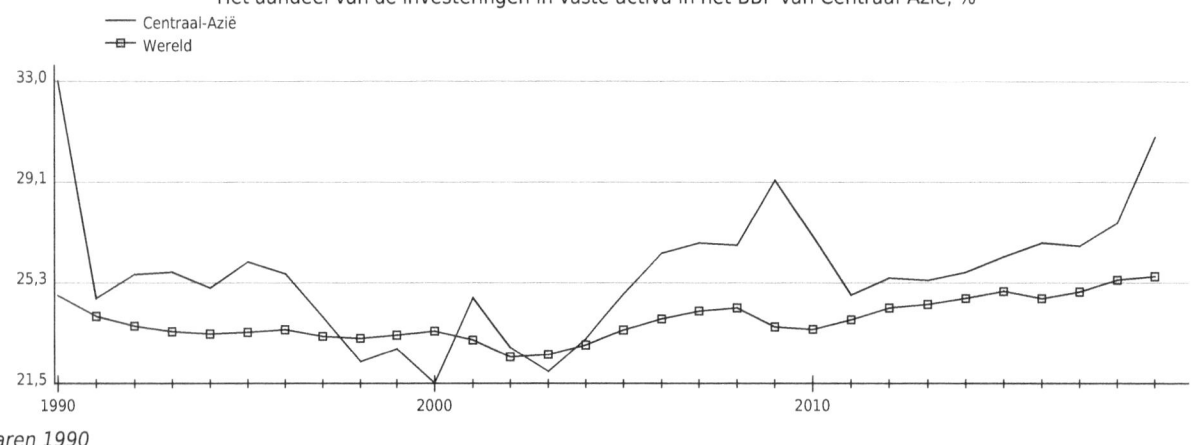

Het aandeel van de investeringen in vaste activa in het BBP van Centraal-Azië, %

de jaren 1990

De bruto-investeringen in vaste activa van Centraal-Azië bedroeg in de jaren 1990 US$12,1 miljard per jaar, en was vergelijkbaar met Egypte (US$12,0 miljard). Het aandeel in de wereld was 0,18%, en 0,53% in Azië.

Het aandeel van de investeringen in vaste activa in het BBP van Centraal-Azië was 25,7% in de jaren 1990, en was vergelijkbaar met Antigua en Barbuda (25,7%), Algerije (25,6%), Wit-Rusland (25,6%).

De investeringen in vaste activa per hoofd in Centraal-Azië was $228,8 in de jaren 1990s, en was vergelijkbaar met Bhutan (US$230,0), Ghana (US$227,4), Indonesië (US$227,2). De bruto-investeringen in vaste activa per hoofd in Centraal-Azië was in 5,2 keer lager dan de investeringen in vaste activa per hoofd van de bevolking in de wereld ($1.183,8), en was in 2,9 keer lager dan de investeringen in vaste activa per hoofd van de bevolking in Azië ($1.183,8).

De groei van de investeringen in vaste activa in Centraal-Azië bedroeg -12% in de jaren 1990. De groei van de investeringen in vaste activa in Centraal-Azië (-12,0%) was minder dan de groei van de investeringen in vaste activa in de wereld (2,8%), was minder dan de groei van de investeringen in vaste activa in Azië (4,3%).

Vergelijking met subregio's. De bruto-investeringen in vaste activa van Centraal-Azië was minder dan in Oost-Azië (US$1,8 biljoen), in Zuidoost-Azië (US$171,1 miljard), in Zuid-Azië (US$148,0 miljard) en in Zuidwest-Azië (US$146,5 miljard). De bruto-investeringen in vaste activa per hoofd in Centraal-Azië was in Centraal-Azië groter dan in Zuid-Azië (US$113,0); maar minder dan in Oost-Azië (US$1.245,8), in Zuidwest-Azië (US$890,4) en in Zuidoost-Azië (US$355,4). De groei van de investeringen in vaste activa in Centraal-Azië was minder dan in Zuid-Azië (6,3%), in Zuidwest-Azië (4,6%), in Oost-Azië (4,1%) en in Zuidoost-Azië (3,6%).

Leiders. De investeringen in vaste activa van Centraal-Azië in de jaren 1990 bestond uit: Kazachstan (47,2%), Oezbekistan (40,7%), Turkmenistan (8,1%), Kirgizië (2,6%), Tadzjikistan (1,3%). Het aandeel van de investeringen in vaste activa in BBP van de leiders: Turkmenistan (35,4%), Oezbekistan (28,1%), Kazachstan (24,5%), Kirgizië (16,9%) en Tadzjikistan (9,7%). De bruto-investeringen in vaste activa per hoofd in Centraal-Azië onder de leiders: Kazachstan ($359,7), Turkmenistan ($238,3), Oezbekistan ($218,7), Kirgizië ($69,0) en Tadzjikistan ($27,5). De groei van de investeringen in vaste activa onder de leiders: Oezbekistan (1,6%), Turkmenistan (-0,23%), Kirgizië (-9,2%), Tadzjikistan (-12,5%) en Kazachstan (-17,4%).

de jaren 2000

De investeringen in vaste activa van Centraal-Azië bedroeg in de jaren 2000 US$26,6 miljard per jaar, en was vergelijkbaar met Algerije (US$26,3 miljard), Oost-Afrika (US$26,3 miljard), Chili (US$26,2 miljard). Het aandeel in de wereld was 0,24%, en 0,74% in Azië.

Het aandeel van de investeringen in vaste activa in het BBP van Centraal-Azië was 26,0% in de jaren 2000, en was vergelijkbaar met Zambia (26,0%), IJsland (26,0%), Bulgarije (26,1%).

De bruto-investeringen in vaste activa per hoofd in Centraal-Azië was $456,7 in de jaren 2000s, en was vergelijkbaar met Swaziland (US$462,0). De investeringen in vaste activa per hoofd in Centraal-Azië was in 3,7 keer lager dan de investeringen in vaste activa per hoofd van de bevolking in de wereld ($1.690,7), en was 49,6% lager dan de investeringen in vaste activa per hoofd van de bevolking in Azië ($1.690,7).

De groei van de investeringen in vaste activa in Centraal-Azië bedroeg 11.9% in de jaren 2000, en was vergelijkbaar met Zambia (11,9%), Oman (12,0%). De groei van de investeringen in vaste activa in Centraal-Azië (11,9%) was groter dan de groei van de investeringen in vaste activa in de wereld (3,5%), was groter dan de groei van de investeringen in vaste activa in Azië (6,8%).

Vergelijking met subregio's. De bruto-investeringen in vaste activa van Centraal-Azië was minder dan in Oost-Azië (US$2,6 biljoen), in Zuid-Azië (US$396,8 miljard), in Zuidwest-Azië (US$335,2 miljard) en in Zuidoost-Azië (US$245,1 miljard). De bruto-investeringen in vaste activa per hoofd in Centraal-Azië was in Centraal-Azië groter dan in Zuidoost-Azië (US$439,7) en in Zuid-Azië (US$252,0); maar minder dan in Oost-Azië (US$1.652,2) en in Zuidwest-Azië (US$1.642,9). De groei van de investeringen in vaste activa in Centraal-Azië was groter dan in Zuidwest-Azië (8,9%), in Zuid-Azië (8,7%), in Zuidoost-Azië (6,4%) en in Oost-Azië (6,3%).

Leiders. De bruto-investeringen in vaste activa van Centraal-Azië in de jaren 2000 bestond uit: Kazachstan (64,6%), Oezbekistan (17,0%), Turkmenistan (14,3%), Kirgizië (2,3%), Tadzjikistan (1,8%). Het aandeel van de investeringen in vaste activa in BBP van de leiders: Turkmenistan (28,3%), Kazachstan (27,3%), Kirgizië (22,2%), Oezbekistan (22,0%) en Tadzjikistan (18,3%). De bruto-investeringen in vaste activa per hoofd in Centraal-Azië onder de leiders: Kazachstan ($1.119,2), Turkmenistan ($804,1), Oezbekistan ($171,6), Kirgizië ($120,2) en Tadzjikistan ($69,8). De groei van de investeringen in vaste activa onder de leiders: Kazachstan (15,2%), Oezbekistan (10,6%), Kirgizië (10,0%), Turkmenistan (9,1%) en Tadzjikistan (-0,67%).

de jaren 2010

De investeringen in vaste activa van Centraal-Azië bedroeg in de jaren 2010 US$80,3 miljard per jaar, en was vergelijkbaar met Ierland (US$80,2 miljard), Singapore (US$81,0 miljard), Zuidelijk Afrika (US$78,4 miljard). Het aandeel in de wereld was 0,42%, en 0,91% in Azië.

Het aandeel van de investeringen in vaste activa in het BBP van Centraal-Azië was 26,6% in de jaren 2010, en was vergelijkbaar met de Bahama's (26,7%), Djibouti (26,8%).

De investeringen in vaste activa per hoofd in Centraal-Azië was $1.182,3 in de jaren 2010s, en was vergelijkbaar met Indonesië (US$1.171,9), Servië (US$1.171,8). De investeringen in vaste activa per hoofd in Centraal-Azië was in 2,2 keer lager dan de investeringen in vaste activa per hoofd van de bevolking in de wereld ($2.621,1), en was 41,1% lager dan de investeringen in vaste activa per hoofd van de bevolking in Azië ($2.621,1).

De groei van de investeringen in vaste activa in Centraal-Azië bedroeg 8.4% in de jaren 2010, en was vergelijkbaar met Sint Maarten (8,5%). De groei van de investeringen in vaste activa in Centraal-Azië (8,4%) was groter dan de groei van de investeringen in vaste activa in de wereld (4,1%), was groter dan de groei van de investeringen in vaste activa in Azië (6,0%).

Vergelijking met subregio's. De investeringen in vaste activa van Centraal-Azië was 79,2 keer minder dan in Oost-Azië (US$6,4 biljoen), 11,7 keer minder dan in Zuid-Azië (US$937,8 miljard), 9,4 keer minder dan in Zuidwest-Azië (US$758,3 miljard) en 8,8 keer minder dan in Zuidoost-Azië (US$709,0 miljard). De investeringen in vaste activa per hoofd in Centraal-Azië was in Centraal-Azië5,1% groter dan in Zuidoost-Azië (US$1.125,1) en 2,3 keer groter dan in Zuid-Azië (US$516,4); maar 3,3 keer minder dan in Oost-Azië (US$3,9 duizend) en 2,5 keer minder dan in Zuidwest-Azië (US$3,0 duizend). De groei van de investeringen in vaste activa in Centraal-Azië was groter dan in Oost-Azië (6,3%), in Zuidoost-Azië (6,2%), in Zuid-Azië (4,7%) en in Zuidwest-Azië (4,0%).

Leiders. De investeringen in vaste activa van Centraal-Azië in de jaren 2010 bestond uit: Kazachstan (51,5%), Turkmenistan (22,8%), Oezbekistan (20,5%), Kirgizië (2,7%), Tadzjikistan (2,5%). Het aandeel van de investeringen in vaste activa in BBP van de leiders: Turkmenistan (49,8%), Kirgizië (31,0%), Tadzjikistan (25,9%), Oezbekistan (25,5%) en Kazachstan (22,3%). De bruto-investeringen in vaste activa per hoofd in Centraal-Azië onder de leiders: Turkmenistan ($3.328,3), Kazachstan ($2.375,0), Oezbekistan ($535,7), Kirgizië ($368,6) en Tadzjikistan ($235,0). De groei van de investeringen in vaste activa onder de leiders: Oezbekistan (13,6%), Tadzjikistan (9,2%), Turkmenistan (9,0%), Kirgizië (6,8%) en Kazachstan (5,6%).